Inventons
notre avenir !

Christiana Figueres
et Tom Rivett-Carnac

Inventons notre avenir !

Traduit de l'anglais (États-Unis)
par Patricia Barbe-Girault et Florence Hertz

Albin Michel

Nous dédions ce livre aux filles de Christiana,
Naima et Yihana,
à la fille et au fils de Tom,
Zoë et Arthur,
et aux générations qui connaîtront l'avenir
que nous allons inventer.

« Puissé-je prier non pour être préservé du danger, mais pour le regarder en face. »

Rabindranath Tagore

Introduction : la décennie critique

La Terre est en feu, de l'Amazonie à la Californie et de l'Australie à la Sibérie. Le temps presse, et le moment de vérité que nous avons repoussé si longtemps est venu. Nous contenterons-nous de regarder le monde brûler, ou ferons-nous en sorte qu'il ait un avenir ?

Notre décision dépendra de la compréhension que nous avons de nous-mêmes. Et elle déterminera ce qu'il adviendra de nous. Cette décision est à la fois simple et complexe, mais avant tout elle est urgente.

Washington, un vendredi à dix heures du matin : une jeune de douze ans défile avec ses camarades collégiens en brandissant un dessin de la Terre en flammes. Londres : des manifestants vêtus de noir et affublés d'un casque de police antiémeute forment une chaîne humaine pour bloquer la circulation à Piccadilly Circus, tandis que d'autres collent leurs mains aux trottoirs avec de la glu devant le siège de BP. Séoul : les rues fourmillent d'écoliers aux sacs à dos de toutes les couleurs qui agitent des banderoles annonçant *Climate Strike* (« Grève du climat »)

– en anglais, pour atteindre les médias du monde entier. Bangkok : des centaines d'adolescents sont dans la rue. Déterminés mais le cœur lourd, ils suivent leur chef de file, une rebelle de onze ans qui porte une pancarte avec ce slogan peint à la main : *The ocean are rising and so are we* (« Le niveau des océans monte, notre colère aussi »).

Partout dans le monde, des millions de jeunes – inspirés par Greta Thunberg, l'adolescente qui a commencé par manifester toute seule devant le Parlement suédois – s'engagent dans la voie de la désobéissance civile pour attirer l'attention sur la crise climatique. Ces jeunes ont parfaitement compris les projections des scientifiques et sont terrifiés par la diminution de qualité de vie qui les attend à l'âge adulte. Ils exigent des actions fermes et immédiates. Ils contribuent à faire enfler l'indignation suscitée par nos efforts indigents, et entraînent peu à peu dans leur sillage chercheurs, professeurs et parents. De la lutte pour l'indépendance en Inde au mouvement des droits civiques aux États-Unis, la désobéissance civile a éclaté chaque fois que l'injustice devenait intolérable, et c'est le cas aujourd'hui avec le réchauffement climatique. Une injustice intolérable pour les futures générations et un manque criant de solidarité envers les plus vulnérables ont ouvert les vannes de la contestation. Ceux qui seront les plus touchés sont descendus dans la rue. Leur saine colère est l'énergie dont nous avons désespérément besoin. Elle a de quoi susciter une vague de révolte contre l'immobilisme, et alimenter l'ingéniosité qui nous aidera à concrétiser un nouveau possible.

Ces manifestations n'ont pourtant rien d'étonnant. La notion de réchauffement climatique est connue depuis les années 1930, au moins, et la confirmation du dérèglement remonte à 1960, date à laquelle le géochimiste américain Charles Keeling a mesuré le degré de CO_2 dans l'atmosphère et constaté qu'il augmentait chaque année*[1].

Depuis, nous n'avons pas fait grand-chose pour résoudre le problème. Résultat, les émissions de gaz à effet de serre qui en sont responsables atteignent des niveaux records. Notre croissance économique se poursuit, et nous comptons toujours sur une extraction débridée des énergies fossiles malgré les conséquences fatales sur les forêts, les océans, les fleuves, les sols et l'air. Nous survivons grâce à des écosystèmes que nous n'avons pas su exploiter avec sagesse. Nous avons causé des ravages, peut-être sans le vouloir, mais aussi sans relâche et avec acharnement.

Notre négligence a fait du réchauffement climatique non plus seulement un enjeu existentiel mais une crise désastreuse, et nous approchons dangereusement du point de non-retour au-delà duquel la Terre telle que nous la connaissons cessera d'exister. Et pourtant, combien sommes-nous à ne pas voir ces ravages ? Malgré la fréquence et la gravité croissantes des phénomènes météorologiques, nous n'avons toujours pas fait le lien entre la destruction en cours de notre habitat et notre capacité future à assurer la sécurité de nos enfants, à nous nourrir, à vivre le long des côtes, à garantir la solidité de nos maisons.

---

* Les notes numérotées sont à retrouver en pages 225.

Nos gouvernements commencent à réagir, mais timidement. La mesure la plus remarquable reste l'accord de Paris, qui définit une stratégie mondiale pour lutter contre le réchauffement climatique. Tous les pays l'ont adopté à l'unanimité en décembre 2015, et la plupart l'ont inscrit dans leur loi en un temps record. Depuis, de nombreuses entreprises, grandes et petites, se sont fixé d'ambitieux objectifs de réduction d'émissions de CO_2 ; beaucoup d'États ont mis en œuvre des politiques concrètes, et de nombreuses institutions financières ont transféré une part importante de leur capital des énergies fossiles vers des alternatives propres. Certains pays ont même décidé de déclarer l'état d'urgence climatique car ces premières mesures ont beau être essentielles, mises bout à bout elles ne suffiront pas à stopper l'augmentation – et encore moins à initier la réduction – des émissions de CO_2 mondiales. Chaque jour qui passe est un jour de moins à notre disposition pour stabiliser la planète, de plus en plus fragile et en bonne voie de devenir inhabitable. Il nous reste peu de temps. Au-delà de certains seuils critiques, les conséquences pour l'environnement, et pour notre avenir sur Terre, seront irréversibles.

Au fil du temps, nous avons assisté à toutes les réactions possibles et imaginables. D'un côté, il y a les climatosceptiques, ceux qui n'y « croient » pas. Ils ont pour chef de file le président américain Donald Trump. Nier le réchauffement climatique revient à dire qu'on ne croit pas au principe de gravité. Le dérèglement climatique n'est ni une croyance, ni une religion, ni une idéologie politique.

C'est une science fondée sur des faits quantifiables et vérifiables. De même que la gravité exerce sa force sur chacun de nous – qu'on y croie ou non – le réchauffement nous affecte déjà tous où que l'on vive. Affirmer « Je n'y crois pas » est non seulement irresponsable mais de moins en moins tenable : chaque nouvelle catastrophe vient prouver le contraire. Les climatosceptiques protègent sans vergogne les intérêts financiers à court terme de l'industrie fossile, au détriment des intérêts à long terme de leurs propres descendants.

À l'opposé, il y a les éco-anxieux, ceux qui reconnaissent la validité de la science mais pensent qu'il est trop tard. Ces personnes-là éprouvent un chagrin réel devant la perte irrémédiable de la biodiversité et tout ce que nous risquons de perdre encore. Mais en se drapant dans leur chagrin, elles perdent aussi foi en notre capacité collective à changer le cours de l'histoire. Le moindre documentaire, la moindre étude scientifique, le moindre reportage sur la dernière inondation en date ajoute à leur souffrance. La peine peut être une expérience puissante, à même de transformer. Selon toute vraisemblance, si le dérèglement climatique dure depuis si longtemps sans que rien ne soit fait, c'est entre autres que nous n'avons pas su comprendre ce qu'il va réellement signifier. Il est important de nous donner le temps de ressentir pleinement cette peine, et de l'exprimer ouvertement. En nous mettant à l'écoute de nos émotions, nous serons nombreux à traverser une phase de désespoir angoissante et perturbante. Que cela ne nous empêche pas ensuite de nous mobiliser pour que la transformation ait lieu.

La colère qui vire au désespoir rend impuissant. La colère qui se mue en conviction est invincible.

Entre ces deux extrêmes, il reste une grande majorité de gens qui, s'ils ont beau comprendre et s'incliner devant la science, ne réagissent pas. Parce qu'ils ne savent pas quoi faire, ou qu'il est bien plus facile de ne pas y penser. L'urgence climatique effraie, elle accable. Au fond, nous sommes nombreux à faire l'autruche. Chaque fois que nous voyons un reportage sur le sujet – des ouragans qui se formaient une fois tous les cinq cents ans dans telle région et frappent deux fois en un mois aujourd'hui, des sécheresses qui rayent de la carte des villages entiers, des canicules qui battent record après record, comme autant de piqûres de rappel –, nous avons l'estomac noué. Alors, nous éteignons la télé pour nous distraire et nous sentir moins hypocrites. Autant faire comme si de rien n'était, ou comme si c'était inéluctable. De cette façon, nous pouvons nous bercer de l'illusion que la vie continuera quoi qu'il arrive. Si cette réaction est compréhensible, c'est aussi une grave erreur. Être complaisant aujourd'hui, c'est se condamner à un avenir de pénuries, d'instabilité et de conflits.

Nous sommes déjà trop engagés dans la voie de la destruction pour « régler » totalement le problème. L'atmosphère est trop chargée en gaz à effet de serre, la biosphère trop bouleversée pour revenir à l'époque d'avant le réchauffement. Nous, et tous nos descendants, vivrons dans un monde aux conditions climatiques irrémédiablement dégradées. Nous ne ramènerons à la vie ni les espèces disparues, ni les glaciers fondus, ni les récifs coralliens morts, ni les forêts primaires décimées. Au mieux, nous pouvons maîtriser ces bouleversements, en diminuer les pires effets, éviter le drame qui nous attend si l'on s'entête à ne pas maîtriser nos émissions de CO_2. Cela nous permettrait de sortir de cette situation de crise permanente. Ce serait un minimum.

Mais il y a aussi plus ambitieux à tenter.

S'attaquer aux causes du réchauffement climatique maintenant permettrait à la fois d'en réduire les risques et d'en sortir renforcés. Nous avons la chance unique d'imaginer un avenir où les choses pourraient non seulement se stabiliser mais, mieux encore, s'améliorer. Nous pouvons avoir des transports plus efficaces et moins coûteux, qui entraînent une baisse de la circulation ; un air plus propre et plus salubre, qui donne des villes plus agréables à vivre ; une exploitation plus intelligente des ressources naturelles, qui engendre moins de pollution pour les sols et les océans. Le changement de mentalité nécessaire pour créer cet environnement préférable en tous points prouverait que l'humanité a atteint une forme de maturité.

Sans minimiser l'ampleur de la tâche, nous sommes objectivement capables d'opérer cette inflexion de trajectoire. Nos sociétés en ont connu d'autres – l'esclavage et le racisme institutionnalisés, l'oppression et l'exclusion des femmes, la montée du fascisme. Certes, aucun de ces problèmes n'est définitivement du passé, mais en s'y attaquant collectivement, nous savons qu'ils sont possibles à surmonter. Le dérèglement climatique est plus complexe encore car il augure de la fin de l'espèce humaine, mais nous y sommes aussi bien préparés. Nous avons pour nous de nombreux progrès sociaux et politiques ; nous maîtrisons la plupart des technologies dont nous aurons besoin, sinon toutes ; nous disposons du capital nécessaire, et nous connaissons les politiques les plus efficaces. Donc oui, c'est possible.

Hélas, nous sommes loin de faire ce qu'il faudrait.

Que l'urgence climatique suscite en vous complaisance, tristesse ou colère, ce livre vous invite à prendre part à la création de l'avenir de l'humanité : le défi a beau être intimidant, ensemble nous avons tout ce qu'il faut pour le relever maintenant.

En revanche, cette invitation exige une réponse immédiate.

Deux dates devraient en effet être gravées dans l'esprit de chacun : 2030 et 2050.

D'ici à 2050, et idéalement dès 2040, nous devons avoir cessé de rejeter plus de CO_2 que la Terre ne peut en absorber via ses écosystèmes : ce point d'équilibre est nommé « zéro émissions nettes », ou « neutralité carbone ». Pour atteindre l'objectif fixé par la science, les émissions mondiales doivent commencer à diminuer dès le début des années 2020 et d'au moins 50 % d'ici à 2030.

Cet objectif de diviser par deux les émissions de CO_2 d'ici à 2030 est le minimum absolu si l'on veut avoir 50 % de chances d'échapper aux conséquences les plus graves. Nous sommes entrés dans la décennie critique. Il n'est pas exagéré de dire que tout ce que nous allons faire entre aujourd'hui et 2030 déterminera la qualité de vie de l'humanité pour les centaines d'années à venir, sinon plus. Si nous ne réduisons pas de moitié nos émissions d'ici à 2030, il y a fort peu de chances que nous les réduisions de moitié tous les dix ans jusqu'à atteindre la neutralité carbone en 2050.

C'est la date limite. La date butoir qu'on ne peut dépasser.

Pourquoi ?

Les effets du réchauffement climatique sont aléatoires. Dans ce domaine, légèrement plus ne signifie pas légèrement pire. Certaines zones sont dangereusement sensibles, comme la banquise d'été en Arctique, la calotte glaciaire au Groenland, les forêts boréales au Canada et en Russie, la forêt tropicale en Amazonie. Toutes ont une température stable depuis des millénaires[2]. Si ces écosystèmes devaient être détruits par des incendies ou mis en péril d'une quelconque manière, la température mondiale grimperait en flèche, provoquant des dégâts irréparables aux quatre coins du globe. On aurait alors un effet domino dévastateur et incontrôlable[3].

Les décisions prises aujourd'hui en matière d'énergie, de transport et d'exploitation des sols auront toutes des conséquences directes et à long terme sur le réchauffement climatique : leurs niveaux d'émissions de CO_2 respectifs seront fixés pendant des décennies, et c'est cette accumulation qui pourrait nous mener à la catastrophe en nous faisant franchir un à un les points de bascule[4]. Il sera impossible de revenir en arrière. Les repères temporels de 2030 et 2050 ne doivent rien au hasard, ils sont scientifiques et nous disent exactement jusqu'à quand nous pouvons continuer sans agir – ou si peu – avant l'effondrement proprement dit.

Maintenant, voici la bonne nouvelle.

Nous sommes encore tout juste dans la période où il est possible d'éviter le pire et de maîtriser les effets néfastes à long terme. Mais si et seulement si nous faisons ce qu'il faut à court terme. C'est la dernière fois qu'une occasion pareille se présente dans l'histoire de l'humanité.

Demain, il sera trop tard.

Nous savons quelles sont les mesures à prendre, et nous avons tous les moyens à disposition. L'inquiétude face à la crise climatique a beau varier selon les pays, une majorité toujours plus grande de gens exige que leur gouvernement prenne le taureau par les cornes[5]. Si nous ne voulons pas hypothéquer l'avenir de nos enfants, il est capital à présent de faire le lien entre l'urgence immédiate et la réalité de cet avenir.

On a toujours tendance à penser que « sauver la planète » équivaut à protéger certaines icônes de l'écologie : les ours polaires, les baleines à bosse, les glaciers. La logique prédominante est que la nature souffre, que l'homme est complice, donc qu'il faut agir. Si cette réaction part d'un bon sentiment, elle donne aussi l'impression que le problème se pose « là-bas », loin de notre quotidien.

Le réchauffement climatique a longtemps été mal compris : on le voyait comme une anomalie environnementale, qui mettait la survie de notre planète en jeu. En vérité, la Terre continuera à évoluer. C'est ce qu'elle fait depuis 4,5 milliards d'années, et elle a subi des transformations spectaculaires qui pour la plupart excluaient l'homme. Actuellement, nous profitons de conditions uniques qui permettent l'épanouissement de la vie humaine, mais nous oublions un peu vite que la civilisation telle que nous la connaissons n'a que 6 000 ans[6].

La planète survivra. Sous une nouvelle forme, mais elle survivra. Reste à savoir si nous serons là pour le voir.

Voilà pourquoi le réchauffement climatique est la crise suprême.

Elle a le pouvoir à la fois d'éclipser *et* d'englober ce qui nous tient à cœur. Par exemple, elle devrait inquiéter tous ceux qui sont attachés à la justice sociale. Quel que soit le pays, les pauvres en sont de très loin les premières victimes – non seulement parce qu'ils sont souvent plus exposés et vulnérables aux catastrophes, mais parce qu'ils ont moins de ressources pour y faire face.

Ensuite, elle devrait inquiéter tous ceux qui se préoccupent de leur santé. L'exploitation des énergies fossiles produit les gaz à effet de serre responsables du réchauffement. Pire, leur combustion (le charbon pour la production d'électricité, le diesel ou l'essence pour les transports) pollue l'air en émettant des particules fines. Ces polluants microscopiques n'ont que faire des défenses de notre organisme : ils infiltrent nos systèmes respiratoire et sanguin et abîment nos poumons, nos cœurs, nos cerveaux. Leur effet est si pernicieux qu'ils tuent plus de 7 millions de personnes chaque année.

La crise climatique devrait également inquiéter tous ceux qui s'intéressent à la stabilité de l'économie et aux investissements[7]. Ce n'est un secret pour personne : le charbon n'est plus viable dans la plupart des régions du monde car il ne peut plus rivaliser avec les énergies renouvelables moins chères, comme le solaire[8]. Mines et centrales ferment les unes après les autres, et la tendance à désinvestir dans le charbon se confirme, ce qui présage d'un désinvestissement plus général dans les énergies fossiles[9]. Partout dans le monde, les banques centrales estiment que les risques macroéconomiques liés aux actifs ultra-carbonés se comptent en centaines de milliards de dollars. Le consensus fait son chemin : il faut investir radicalement dans les énergies propres, car à long terme ce sont ces actifs-là qui conserveront leur valeur[10].

Enfin, et c'est fondamental, la crise climatique devrait inquiéter tous ceux qui sont sensibles à la justice intergénérationnelle – à vrai dire, ce devrait être chacun de nous. Si nous baissons les bras, les générations futures n'auront aucun moyen de réparer les dégâts fatals causés par notre échec. D'où la responsabilité morale que nous avons vis-à-vis d'elles. Ne pas prendre les décisions difficiles aujourd'hui, c'est voler à nos enfants et petits-enfants l'avenir auquel ils ont droit.

Certains pensent que l'homme est programmé uniquement pour réagir aux menaces immédiates. Le climat mondial en est une désormais. Méga-tempêtes, cyclones, feux de forêt, sécheresses et inondations aux quatre coins du globe prouvent amplement l'existence du dérèglement climatique, et ces catastrophes sont appelées à augmenter encore en termes de fréquence, d'ampleur et de zones touchées. On ne peut plus nier, ni ignorer. Il est grand temps d'abandonner les demi-mesures et de réagir à la hauteur du formidable défi qui nous est lancé.

I

DEUX MONDES

1

Choisir notre avenir

Le temps de la géologie est un temps long et lent. Du moins, il l'était autrefois. Les périodes glaciaires, lors desquelles d'immenses glaciers recouvrent une grande partie des continents du nord, sont advenues et ont pris fin lentement au fil des âges. La dernière a duré 2,6 millions d'années environ. Puis un réchauffement très progressif a eu lieu, fruit d'influences naturelles sur le climat de la Terre, et nous sommes sortis de cet âge glaciaire pour entrer dans l'Holocène, qui a duré plus de 12 000 ans – jusqu'au xxe siècle. Les températures étaient relativement stables et les fluctuations ne dépassaient jamais plus d'un degré au-dessus ou au-dessous de la moyenne[1].

Lors de cette période géologique, les températures, les cycles de précipitations et les écosystèmes terrestres et océaniques ont atteint un équilibre qui a permis le développement de l'espèce humaine. L'homme de la période précédente, qui comptait environ 10 000 individus organisés en petites tribus, a pu se sédentariser, devenir agriculteur et coloniser des terres, puis construire des villes grâce à l'industrie et à l'invention de machines. C'est donc grâce à la stabilité de l'environnement que la population mondiale a augmenté, jusqu'à atteindre le chiffre actuel de 7,7 milliards[2].

Pendant l'Holocène, « la vie a créé les conditions qui ont permis la vie[3] », et cette ère aurait pu se prolonger, sauf que ce n'est pas ce qui s'est passé[4].

Ces cinquante dernières années, nous avons gravement fragilisé la planète bleue, perturbé sa stabilité et donc hypothéqué notre avenir. Notre mode de vie post-révolution industrielle a provoqué des dégâts énormes sur tous les écosystèmes. La concentration de CO_2 dans l'atmosphère, essentiellement due à une exploitation démesurée des énergies fossiles et à une déforestation intensive, dépasse tout ce que nous avons connu depuis la période précédant le dernier âge glaciaire[5], d'où les phénomènes météorologiques extrêmes de plus en plus fréquents et marqués dans le monde entier : inondations, canicules, sécheresses, feux de forêts, ouragans. La moitié des forêts tropicales a été défrichée, et tous les ans ce sont 12 millions d'hectares supplémentaires qui sont perdus. À ce rythme, dans une quarantaine d'années, un milliard d'hectares pourrait avoir disparu, soit l'équivalent de la masse continentale européenne[6]. En cinquante ans, les populations de mammifères, d'oiseaux, de poissons, de reptiles et d'amphibiens ont diminué de 60 %. À tel point que selon certains, nous sommes en train de vivre la sixième extinction de masse[7]. Les dernières études montrent que 12 % des espèces sont directement menacées, sachant que l'effondrement climatique amplifiera largement le phénomène[8]. Les océans ont absorbé plus de 90 % de la chaleur produite par l'homme au cours des cinquante dernières années[9]. Résultat : la moitié des récifs coralliens sont morts[10] et en Arctique, la banquise d'été, dont le pouvoir réfléchissant contribue à réguler la température mondiale, rétrécit rapidement[11]. La fonte des glaciers a déjà fait monter le niveau des océans de plus de 20 centimètres, provoquant la présence de sel dans de nombreuses nappes aquifères, des ondes de tempête plus graves et une menace terrible pour les îles basses[12]. Il aura fallu moins de cinquante ans pour nous catapulter hors de l'Holocène et inaugurer l'Anthropocène, une période géologique dont les conditions biogéochimiques dépendent non plus de phénomènes naturels, mais de l'impact de l'activité humaine. Autrement dit, l'homme est, pour la première fois dans l'histoire, la cause principale d'un bouleversement majeur sur la planète[13].

Toutes les études que vous pourrez lire sur l'Anthropocène soulignent les niveaux de destruction sans précédent provoqués en cinq petites décennies[14]. Sous-entendu : les dés sont jetés et l'ère actuelle est vouée à subir des destructions de plus en plus importantes.

C'est là que nous ne sommes pas d'accord.

Certes, la probabilité des catastrophes augmente, mais qu'est-ce qui prouve que nous y sommes condamnés ? Si le début de cette nouvelle période est déjà écrit – et de manière indélébile, malheureusement –, sa fin ne l'est pas encore. Le stylo est toujours entre nos mains. Et nous le tenons plus fermement que jamais. Il ne tient qu'à nous d'écrire une histoire de la régénération, à la fois de la nature et de l'esprit humain. Mais c'est à nous de le décider.

Si l'on entend choisir le monde dans lequel nous et les futures générations vivrons, il y a peu d'options. Il n'y en a même que deux, qui sont clairement énoncées dans l'accord de Paris et que nous vous soumettons dans les lignes qui suivent. Nous avons déjà provoqué un réchauffement de 0,9 °C par rapport à la température moyenne de la planète avant la révolution industrielle. Conformément à l'accord de Paris, tous les pays se sont engagés, collectivement, à maintenir ce réchauffement « bien au-dessous de 2 °C par rapport aux niveaux préindustriels », idéalement à 1,5 °C au maximum, en visant une réduction des émissions de CO_2 qui devra augmenter nettement tous les cinq ans. Pour lancer le processus, 184 pays ont accepté de consigner les détails de leur feuille de route des cinq premières années, et de se retrouver ensuite tous les cinq ans afin de s'engager à des efforts supplémentaires, puisque la première salve n'était qu'un pas vers l'objectif à plus long terme de neutralité carbone.

Voici les deux scénarios. L'un d'entre eux deviendra un jour notre réalité.

*Le monde que nous sommes en train de créer, avec un réchauffement de plus de 3 °C**

Ce premier scénario illustre la trajectoire éminemment dangereuse qui est la nôtre aujourd'hui. Si les gouvernements, les entreprises et les particuliers ne fournissent pas davantage d'efforts que ceux actés en 2015, nous nous dirigeons vers + 3,7 °C au minimum d'ici à 2100. Pire, si les engagements pris à Paris n'étaient pas du tout respectés, le réchauffement serait de 4 ou 5 °C. On vous aura prévenus, c'est un monde très noir. Quand bien même les pires conséquences se manifesteraient pour beaucoup dans la seconde moitié du XXIe siècle, la misère de l'homme sera considérable, la biodiversité ravagée et nous vivrons, ou plutôt nos enfants vivront, dans la peur constante des catastrophes, sans l'espoir d'y remédier.

*Le monde que nous devons créer, avec un réchauffement de 1,5 °C au maximum***

Il est impossible de revenir en arrière s'agissant des émissions de CO_2 passées. Pour autant, et même s'il est

* 3 degrés en plus par rapport à la température moyenne avant l'ère industrielle.

** 1,5 °C en plus par rapport à la température moyenne avant l'ère industrielle.

déjà tard, nous pouvons encore tendre vers un monde meilleur, dans lequel la nature et l'homme non seulement survivront, mais s'épanouiront ensemble. Les scientifiques disent clairement que le scénario retenu de + 1,5 °C d'ici à 2100 reste faisable, mais que la fenêtre de tir se resserre rapidement. Pour avoir au moins 50 % de chances de réussir (ce qui en soit est déjà un niveau de risque inadmissible), il s'agit de réduire les émissions de CO_2 mondiales de moitié d'ici à 2030, encore de moitié d'ici à 2040, et de donner un dernier coup de collier pour atteindre la neutralité carbone en 2050[15]. Un bouleversement de cette ampleur implique des transformations considérables dans presque toutes nos façons de vivre et de travailler, parmi lesquelles une reforestation massive et une réorganisation complète de l'agriculture, l'arrêt de la production de charbon à compter de 2020, ainsi que du pétrole et du gaz naturel, l'abandon total des énergies fossiles et la fin du moteur à combustion interne. La marche à suivre sera détaillée dans la troisième partie du livre mais en attendant, à la lecture de ce scénario, gardez à l'esprit que nous pouvons choisir notre avenir et le créer ensemble. Notre mission à tous est de faire en sorte que cet avenir passe de possible à probable, puis à réalisable.

Le grand joueur de baseball Yogi Berra disait toujours qu'il est difficile de faire des prédictions. Nous sommes conscients qu'en déroulant ces deux scénarios, nous nous projetons sur l'état du monde dans trente ans, ce qui est en partie de la fiction. Pour autant, tout ce que nous décrivons dans les pages suivantes est prévu ou prédit par les recherches scientifiques les plus sérieuses[16]. Le fait est qu'une partie est déjà en train de se réaliser. Lisez ces scénarios non comme une projection de l'avenir, mais comme une mise en garde contre ce qui pourrait arriver. Et rappelez-vous : il nous reste une chance de tout changer.

2

Le monde que nous créons

2050. Au-delà de la promesse de réduction des émissions de CO_2 signée en 2015, aucun effort concret n'a été fait. Nous sommes en train de créer un monde dans lequel le réchauffement dépassera largement les 3 °C en 2100.

La première chose qui frappe, c'est l'air.

Dans de nombreuses villes du monde, il est chaud, lourd et, selon la météo, saturé de particules fines. Vous avez souvent les yeux qui pleurent. Votre toux est devenue chronique. Vous repensez à certains pays d'Asie où, pour ne pas transmettre leurs microbes, les gens malades mettaient un masque blanc. Aujourd'hui, la pollution est telle qu'il en faut un au quotidien. Fini les balades pour prendre l'air frais : en toute probabilité, il n'y en a pas. Votre premier réflexe au réveil, avant d'ouvrir les fenêtres, est de contrôler la qualité de l'air sur votre portable. Il se peut que tout paraisse normal – que le temps soit clair et ensoleillé – mais il ne faut pas se fier aux apparences et vous le savez. Quand une tempête coïncide avec une vague de chaleur, les effets sur la pollution atmosphérique sont décuplés, et le niveau de concentration d'ozone en surface est trop dangereux pour sortir sans porter un masque spécial[1] (que seuls certains peuvent s'offrir).

En Afrique centrale et en Asie du Sud-Est, l'air pollué tue plus encore qu'en Europe et aux États-Unis[2]. Là-bas, de moins en moins de gens travaillent à l'extérieur, et même à l'intérieur l'air légèrement acide donne parfois la nausée. Les dernières centrales à charbon ont fermé il y a dix ans, mais l'impact sur la qualité de l'air mondial est resté faible car vous respirez toujours les gaz d'échappement des millions de voitures et de bus en circulation. Certains pays ont expérimenté l'ensemencement des nuages dans l'espoir de « nettoyer » le ciel pollué, mais les résultats ne sont guère concluants. Cette technique visant à déclencher la pluie de manière artificielle s'avère compliquée et aléatoire, même pour les nations les plus riches[3]. En Europe et en Asie, les incidents internationaux se succèdent, car les meilleurs experts ne parviennent pas à délimiter un périmètre précis où faire tomber la pluie ; sans compter qu'elle est acide et nuit aux récoltes, constituant une menace pour la sécurité alimentaire*[4]. La culture sous serre a de beaux jours devant elle[5].

* La pluie acide se définit comme toute précipitation contenant un niveau élevé d'acide nitrique et d'acide sulfurique. Elle peut donc tomber sous forme de neige et de brouillard. Une pluie normale est légèrement acide, avec un pH de 5,6, tandis que celui d'une

La planète a de plus en plus chaud. Les projections sur vingt ans nous disent que la température va encore augmenter dans certaines régions, une augmentation à présent irréversible et totalement hors de contrôle. Pendant des décennies, océans, forêts, plantes, arbres et sol se sont chargés d'absorber la moitié des gaz à effet de serre que nous rejetions dans l'atmosphère. Aujourd'hui, il reste bien peu de forêts, la plupart ont été exploitées ou réduites en cendres, et le permafrost recrache le CO_2 dans un environnement déjà surchargé[6].

La Terre suffoque, et dans cinq à dix ans d'immenses zones seront devenues inhospitalières. Personne ne peut dire si l'Australie, le Maghreb et le sud-ouest des États-Unis seront encore habitables d'ici à 2100. Personne ne sait ce que l'avenir réserve à ses enfants et petits-enfants : les points de bascule sont atteints les uns après les autres, et c'est la plongée dans l'inconnu. Jeté sur les routes, l'homme devra se reconstituer en petites tribus isolées et se contenter d'un lopin de terre pour survivre[7], du moins est-ce ce que certains envisagent.

Plusieurs de ces points de bascule ont déjà été franchis, et dans la douleur. Le premier a été la disparition des barrières de corail. Certains d'entre nous ont eu la chance un jour de plonger dans ces magnifiques récifs regorgeant de poissons multicolores de toutes les formes et de toutes

---

pluie acide oscille entre 4,2 et 4,4. La majorité est due à l'activité de l'homme, en particulier les centrales à charbon, les usines et les voitures.

les tailles. L'immense majorité n'est plus qu'un souvenir. En Australie, la Grande Barrière est le plus vaste cimetière sous-marin du monde. Des efforts ont bien été faits pour replanter des coraux artificiels au nord et au sud de l'équateur, où l'eau est un peu moins chaude, mais en vain : la vie n'est pas revenue. Bientôt, il n'y aura plus de récifs nulle part – les 10 % restants sont condamnés à mourir dans les années à venir[8].

Le deuxième point de bascule a été la fonte de la calotte glaciaire en Arctique. La banquise ne se forme plus en été car le réchauffement est plus marqué autour du pôle – entre 6 °C et 8 °C de plus qu'ailleurs. Dans cette région hostile et éloignée de tout, la glace a disparu en silence mais les effets se sont vite fait sentir. La Grande Fonte a encore accéléré le réchauffement planétaire. La glace blanche n'étant plus là pour réverbérer le soleil, l'eau sombre absorbe la chaleur, ce qui a pour conséquence la dilatation de la masse océanique et donc l'élévation du niveau de la mer[9].

À cause de l'humidité accrue dans l'air et de l'augmentation des températures à la surface de l'eau, tempêtes tropicales et ouragans se multiplient. Récemment, plusieurs villes côtières du Bangladesh, du Mexique et des États-Unis ont connu de violentes inondations qui ont rasé les infrastructures, fait des milliers de victimes et déplacé des millions d'habitants. Les catastrophes de ce genre sont de plus en plus fréquentes[10]. Chaque jour, quelque part dans le monde, la hausse du niveau de la mer entraîne des évacuations. Chaque jour, sur les chaînes d'information en continu, vous voyez des images de mères se frayant un chemin dans la boue avec leur bébé sur le dos, et de maisons éventrées comme par un torrent de montagne. Vous lisez des articles sur des gens vivant avec de l'eau aux chevilles dans leur maison car ils n'ont nulle part où aller, des enfants rendus asthmatiques par les moisissures dans leur lit, des compagnies d'assurances en faillite qui empêchent les survivants de se reconstruire. Eau potable contaminée, incrustation du sel de mer et infiltration des sols par les pesticides sont à l'ordre du jour. Étant donné qu'il y a souvent plusieurs inondations en cours, les secours mettent parfois des semaines voire des mois avant d'atteindre les zones frappées à répétition. Les maladies telles que malaria, dengue, choléra, infections pulmonaires et dénutrition sont endémiques[11].

À présent, tous les regards se tournent vers la banquise de l'Antarctique occidental[12]. Si elle devait disparaître un jour, un déluge d'eau douce se déverserait dans les océans et le niveau de la mer pourrait augmenter de plus de 5 mètres. Des mégapoles comme Miami, Shanghai et Dacca deviendraient alors invivables – nouvelles Atlantides éparpillées à la surface du globe, avec seuls leurs gratte-ciel fantomatiques émergeant de l'eau, leurs habitants évacués ou morts.

Ceux qui ont choisi de rester sur les côtes car c'est leur terre ancestrale ont bien plus à craindre que les inondations : ils sont contraints d'assister, impuissants, à la fin de leur mode de vie traditionnel basé sur la pêche. À mesure que les océans ont absorbé le CO_2, l'eau s'est acidifiée et le pH est devenu si nocif pour la vie marine que tous les pays ou presque ont interdit la pêche, même dans les eaux internationales[13]. La plupart des gens se résignent à dire qu'il faut profiter du poisson tant qu'il y en a – un argument difficile à critiquer, et applicable à bien des choses vouées à disparaître.

Si dévastatrice que puisse être la hausse du niveau de la mer, à l'intérieur des terres, les épisodes de canicule font vivre un enfer tout particulier aux habitants. De vastes régions ne se sont jamais remises de l'aridification des sols, parfois suivie de la désertification[14]. La faune et la flore y sont un lointain souvenir[15]. Avec les nappes aquifères asséchées depuis longtemps, difficile de survivre. Marrakech et Volgograd ne seront bientôt plus que des déserts. Hong Kong, Barcelone, Abu Dhabi et bien d'autres villes encore ont recours depuis des années à la désalinisation de l'eau de mer, dans une tentative désespérée de répondre aux besoins des réfugiés climatiques, qui arrivent par vagues constantes.

Les chaleurs extrêmes sont devenues la norme. Si vous êtes parisien, vous avez déjà enduré des journées d'été à 44 °C. Cela ne fait plus la une des journaux comme il y a trente ans. Tout le monde se calfeutre chez soi et boit des litres d'eau en rêvant de climatisation. Allongé sur votre canapé, une serviette mouillée sur le visage, vous tentez de vous reposer et de ne pas penser aux pauvres paysans d'Île-de-France qui, malgré la sécheresse et les incendies récurrents, s'évertuent à cultiver du raisin, des olives ou du soja – des produits de luxe qui ne sont plus dans vos moyens, désormais.

Vous essayez de ne pas trop penser non plus aux 2 milliards d'habitants qui vivent dans les régions les plus chaudes de la planète, où, jusqu'à 45 jours par an, le thermomètre grimpe à 60 °C – température à laquelle le corps humain ne peut pas rester dehors plus de six heures, sans quoi il n'est pas capable de se refroidir. C'est le cas dans le centre de l'Inde, par exemple. Pendant un temps les gens l'ont supporté, mais quand vous ne pouvez pas travailler à l'extérieur et que vous trouvez uniquement le sommeil de quatre heures à six heures du matin car c'est le moment le moins chaud de la journée, il n'y a pas le choix, il faut partir. L'exode massif vers des zones rurales plus respirables a entraîné son lot de problèmes : certaines sont au bord de l'insurrection, et les restrictions d'eau déclenchent des disputes qui finissent en bains de sang[16].

Les glaciers du monde entier disparaissent à une vitesse alarmante. Les millions de gens qui en dépendaient dans les Andes, les Alpes et l'Himalaya sont en état d'urgence permanent : peu de neige au sommet des montagnes en hiver, donc plus de fonte progressive au printemps et un accès à l'eau potable qui se complique d'année en année. À présent, on alterne entre pluies torrentielles qui provoquent des inondations et longues périodes de sécheresse. Les communautés les plus vulnérables, qui ont le moins de ressources, ont déjà vu ce qui arrive quand l'eau devient rare : violences interreligieuses, migrations à grande échelle, mort.

Même aux États-Unis, l'eau est source de conflits explosifs entre les riches qui sont prêts à payer cher pour en avoir autant qu'ils le souhaitent et les autres qui réclament le même accès pour tous à cette ressource vitale. Dans presque tous les espaces publics, les robinets sont sous clé, et dans les toilettes il faut désormais insérer une pièce pour y accéder. À Washington, le Congrès se déchire : les États qui ont moins d'eau demandent à cor et à cri une redistribution équitable à ceux qui en ont plus. Cela fait des années que les gouvernements successifs se cassent les dents sur ce dossier épineux, et pendant ce temps, les fleuves Colorado et Rio Grande se tarissent à vue d'œil[17]. À l'horizon se profile un litige avec le Mexique, qui ne peut plus garantir la livraison d'eau à cause des niveaux trop bas du Río Conchos et du Río Grande[18]. C'est déjà arrivé au Pérou, en Chine, en Russie, et dans bien d'autres pays.

La production alimentaire varie follement d'un mois et d'une saison à l'autre selon l'endroit où vous habitez. Il n'y a jamais eu autant de gens qui souffrent de la faim. Les zones climatiques ayant évolué, de nouvelles régions se sont ouvertes à l'agriculture (Alaska, Arctique[19]), tandis que certaines jadis prospères ont périclité (Mexique, Californie). D'autres sont tributaires des chaleurs extrêmes, des inondations, des incendies, des tornades. Tout cela rend l'approvisionnement alimentaire très incertain. Une chose n'a pas changé, cependant – si vous avez de quoi payer, vous trouverez à manger. Le commerce mondial a ralenti depuis que des pays tels que la Chine ont cessé d'exporter dans le but affiché de conserver leurs ressources. Catastrophes naturelles et guerres font rage, paralysant les routes commerciales. La tyrannie de l'offre et de la demande est sans merci : la pénurie de nourriture est telle que les prix sont devenus extravagants. Les inégalités ont toujours existé dans le monde, mais elles n'ont jamais été si marquées et inquiétantes.

La malnutrition et les retards de croissance sont monnaie courante. La natalité a baissé partout, mais beaucoup plus dans les pays frappés de plein fouet par la pénurie. La mortalité infantile est au plus haut, et le concept d'aide internationale est devenu indéfendable, vu l'ampleur de la pauvreté. Les nations possédant des réserves alimentaires sont prêtes à tout pour les garder.

Partout où la population n'a pas accès à des produits de base tels que le blé, le riz et le sorgho, l'économie s'écroule et les esprits s'échauffent bien plus vite que les sociologues les plus pessimistes ne l'avaient prédit. On a bien réussi à développer des variétés de céréales résistantes à la sécheresse, aux variations de température et à la salinisation des sols, mais jusqu'à un certain point. Ces variétés résilientes ne suffiront pas à nourrir la planète entière. Conséquences directes, les émeutes de la faim, les coups d'État et les guerres civiles aggravent encore le sort des plus vulnérables. Les pays développés qui ne veulent pas des réfugiés climatiques ne sont pas à l'abri des conséquences non plus. Les Bourses mondiales s'effondrent, la valeur des devises fluctue de façon imprévisible, et l'Union européenne est sujette à des dissensions[20].

Si les nations riches sont déterminées à empêcher les ressources de sortir, elles le sont tout autant à empêcher les réfugiés d'entrer. La plupart du temps, l'armée n'est plus qu'une police des frontières ultra-militarisée. L'objectif est que personne ne passe, mais ce n'est pas un franc succès. Les plus désespérés trouveront toujours un moyen de se faufiler. Certains pays se sont montrés charitables, au début ; aujourd'hui, même eux ont fermé leurs frontières, coupé le robinet et détourné les yeux[21].

Depuis que la ceinture équatoriale est devenue difficilement habitable, le flot de migrants partis d'Amérique centrale pour rejoindre le Mexique et les États-Unis est sans fin. D'autres ont mis le cap au sud, vers la pointe du Chili et de l'Argentine. Cette scène sidérante se répète en Europe et en Asie. La pression politique est maximale, et les pays du Nord et du Sud doivent faire un choix : accueillir ou refouler. Certains laissent entrer les réfugiés, mais dans des conditions proches de l'esclavage. Il faudra des années avant qu'ils ne soient tous acceptés quelque part, ou ne s'installent dans les villes-champignons qui ont poussé le long des frontières.

Même si vous vivez sous un climat tempéré, comme au Canada ou en Scandinavie, vous restez extrêmement vulnérable. Tornades, crues éclair, feux de forêts, glissements de terrain et blizzards ne sont jamais loin de vos pensées. Selon où vous habitez, vous avez toujours un sac avec quelques affaires dans la voiture, vous possédez un abri enterré rempli de provisions ou vous avez fait creuser une tranchée pare-feu de deux mètres autour de la maison.

Tout le monde a l'œil rivé aux bulletins météo. Seuls les imprudents éteignent leur portable la nuit. En cas d'urgence, vous n'aurez peut-être que quelques minutes pour réagir. Les systèmes d'alerte mis en place par les États sont rudimentaires, et sujets à des bugs en fonction de la qualité du réseau. Les riches sont abonnés à un système privé fiable, basé sur des données transmises par satellite. Ils dorment mieux.

La météo est dans toutes les conversations, mais ces derniers temps, les reportages sur la crise des réfugiés climatiques sont devenus insupportables pour beaucoup. À cause de la hausse alarmante des suicides, et sous la pression grandissante des autorités de santé publique, les médias consacrent moins de sujets aux génocides, aux trafics d'êtres humains, aux virus qui déciment régulièrement les migrants. De toute façon, vous ne pouvez plus vous fier à rien. Les réseaux sociaux, depuis longtemps à la pointe s'agissant de posts et de vidéos macabres, débordent littéralement de *deepfake* et de théories du complot. À de rares exceptions près, les médias ont pris un étrange virage, soi-disant contrôlé, vers une réalité déformée pleine de récits faussement positifs.

Tous ceux qui ont la chance de vivre dans un pays stable sont en sécurité sur le plan physique, mais on ne peut en dire autant sur le plan psychologique. Chaque fois qu'un nouveau point de bascule est atteint, vous sentez l'espoir vous quitter. Il n'y a aucun moyen de stopper le réchauffement brutal de la planète, et il ne fait aucun doute que l'on se dirige lentement mais sûrement vers une forme d'effondrement. Et pas seulement parce qu'il fait trop chaud. En fondant, le permafrost libère dans l'atmosphère des microbes très anciens, auxquels l'homme d'aujourd'hui n'a jamais été exposé – et contre lesquels il n'est donc pas immunisé[22]. Les maladies transmises par les moustiques et les tiques ont explosé – ces deux espèces adorent le réchauffement climatique – et se propagent dans des zones jusque-là épargnées. Nous ne sommes pas de taille à lutter. Pire encore, la résistance aux antibiotiques n'a fait que s'intensifier à mesure que les zones habitables deviennent plus densément peuplées et que les températures continuent à monter[23].

La fin de l'espèce humaine revient de plus en plus souvent dans les discussions – pour beaucoup, elle semble inéluctable, la seule question est de savoir combien de temps il nous reste, combien de générations verront encore la lumière du jour. Les suicides sont l'expression la plus tangible du désespoir ambiant, mais il y a d'autres signes qui ne trompent pas : un sentiment de perte incommensurable, une culpabilité accablante et une rancœur terrible envers les générations précédentes, qui n'ont pas fait le nécessaire pour éviter cette calamité.

3

Le monde que nous devons créer

2050. Nous avons réussi à diviser les émissions de CO_2 par deux tous les dix ans depuis 2020. Grâce à cela, le réchauffement se limitera à 1,5 °C en 2 100.

Dans la plupart des régions du monde, il fait humide et frais, même en ville. Cela ressemble beaucoup à une promenade en forêt, et il y a toutes les chances pour que ce soit ce que vous fassiez en ce moment même. L'air n'a jamais été aussi pur depuis l'époque d'avant la révolution industrielle.

Vous pouvez dire merci aux arbres. Ils sont partout[1].

Ce n'était pas le remède à tous nos maux, mais leur prolifération nous a fait gagner suffisamment de temps pour venir à bout des émissions de CO_2. Grâce à des dons privés et à des subventions publiques, on a pu financer la plus grande campagne de plantation d'arbres de l'histoire. Au début, c'était une décision pragmatique, une bonne stratégie pour combattre le réchauffement climatique : les arbres captaient le CO_2 présent dans l'air, produisaient de l'oxygène, et remettaient le CO_2 là où était sa place, dans le sol. C'est ce qui est arrivé, mais les résultats ont dépassé nos espérances. À tous les niveaux, la sensation de vivre sur une planète redevenue verte a transformé les gens, en particulier les citadins. Il n'a jamais fait aussi bon vivre en ville. Maintenant qu'il y a plus d'arbres et bien moins de voitures, des rues entières ont été récupérées pour développer l'agriculture urbaine et construire des jeux d'enfants. Chaque ruelle inutile, chaque terrain inoccupé, ont été convertis en bosquets ombragés. Sur tous les toits, on a planté un potager ou des fleurs. Les bâtiments jadis défigurés par des tags sont recouverts de vigne vierge.

En Espagne, Madrid s'est retrouvée à l'avant-garde du mouvement écologique. La latitude de cette capitale de 6 millions d'habitants en fait l'une des plus sèches d'Europe. Et même si elle a repris le contrôle sur ses émissions, la désertification demeurait un risque majeur. À cause de l'effet « îlot de chaleur » – dû aux immeubles qui piègent la chaleur et aux surfaces sombres qui absorbent les rayons du soleil –, l'écart de température entre la ville et sa campagne environnante était de plusieurs degrés. Par ailleurs, la pollution de l'air provoquait une hausse des naissances prématurées[2] et un pic de décès lié aux pathologies cardio-vasculaires et respiratoires. Le système de santé étant déjà sous tension depuis l'apparition de maladies subtropicales telles que la dengue et la malaria, le gouvernement espagnol et les citoyens ont décidé d'unir leurs forces. Madrid a fait des efforts spectaculaires pour réduire le nombre de véhicules dans ses rues et créer un « écrin vert » pour aider à rafraîchir l'atmosphère et à filtrer la pollution. Les places ont été refaites avec des matériaux poreux, afin de capter l'eau de pluie ; les toits noirs ont tous été repeints en blanc, pour son pouvoir réfléchissant ; les plantes sont omniprésentes et atténuent le bruit ambiant, dégagent de l'oxygène, isolent les murs exposés au sud, font de l'ombre sur les trottoirs et libèrent de la vapeur d'eau dans l'air. L'opération a été un tel succès que d'autres mégapoles à travers le monde s'en sont inspirées. Aujourd'hui, la ville de Madrid est florissante, son expertise écologique l'ayant propulsée à la pointe d'une nouvelle industrie.

Les villes ont découvert qu'en abaissant la température, le niveau de vie augmentait. Il y a encore des quartiers pauvres mais, dans la plupart des cas, grâce aux arbres plantés, la vie est autrement plus supportable.

Réimaginer les villes s'est révélé crucial dans la lutte contre le réchauffement climatique, mais il fallait aller bien au-delà. Aujourd'hui, la Terre est recouverte à 50 % de forêts[3] et l'agriculture s'est adaptée en ce sens. Beaucoup de pays sont méconnaissables. Les vastes plaines et la monoculture ne semblent manquer à personne. À la place, bosquets, vergers et parcelles dédiées au bois de construction ponctuent les prés et les pâturages sur des kilomètres à la ronde, constituant autant de refuges pour la population revitalisée des insectes pollinisateurs[4].

Pour se déplacer, les 75 % de citadins dans le monde peuvent compter sur les nouveaux réseaux ferrés électriques qui maillent les territoires. Sur les côtes est et ouest des États-Unis, les trains à grande vitesse ont remplacé la grande majorité des vols intérieurs, avec des liaisons jusqu'à Atlanta et Chicago à l'est. Depuis que la vitesse des avions a été réduite pour économiser le carburant, certains trajets en train sont plus rapides et pour une empreinte carbone nulle[5]. Le projet fédéral « Initiative Train » est si ambitieux qu'il a boosté l'économie américaine pendant une décennie. Remplacer des milliers de kilomètres d'autoroutes a permis de créer des millions d'emplois – pour les ouvriers, les techniciens et les ingénieurs ferroviaires chargés de concevoir et de construire des voies surélevées en zone inondable. Cet effort colossal a payé, ramenant vers le train beaucoup de laissés-pour-compte des énergies fossiles moribondes. Il a aussi fait découvrir à tout un pan de la population active l'engouement que l'économie climatique peut générer grâce à son innovation.

En parallèle, la course à l'exploitation des énergies renouvelables est montée régulièrement en puissance. Si la neutralité carbone a pu être atteinte, c'est en grande partie grâce à l'électricité : une transition de cette ampleur nécessitait non seulement une révision complète des infrastructures existantes, mais aussi un changement structurel. Démembrer les réseaux et décentraliser l'électricité s'est avéré moins compliqué qu'on aurait pu le croire. Plus personne ne brûle de combustibles fossiles. Il reste une part de nucléaire dans les pays qui peuvent se permettre cette technologie onéreuse[6], mais en 2050, notre énergie provient essentiellement de l'éolien, du solaire, du géothermique et de l'hydraulique. Tous les bâtiments produisent leur électricité – chaque mètre carré disponible est enduit de peinture solaire contenant des millions de nanoparticules qui captent les rayons du soleil[7], et dès qu'un lieu offre une prise au vent, on y installe une éolienne. Si vous vivez sur une colline particulièrement venteuse ou ensoleillée, votre maison en produit peut-être même davantage que nécessaire, auquel cas le surplus est réacheminé vers le réseau intelligent. Avec la fin des coûts de combustion, l'énergie est devenue à peu près gratuite. Elle est aussi plus abondante, et n'a jamais été utilisée plus efficacement.

Domotique et intelligence artificielle évitent toute consommation inutile d'électricité en éteignant les prises et appareils lorsqu'on ne s'en sert pas. Le système est si performant qu'à de rares exceptions près, votre qualité de vie n'a pas diminué. On pourrait même dire que, par bien des aspects, elle s'est améliorée.

Pour les pays développés, la transition énergétique n'a pas toujours été une partie de plaisir car il a fallu moderniser une infrastructure vieillissante et apprendre à faire autrement. Mais pour les pays en développement, cela a marqué l'aube d'une nouvelle ère. La plupart des infrastructures indispensables pour répondre au double objectif de croissance économique et de réduction de la pauvreté ont été construites selon les nouvelles normes environnementales, dont les mots d'ordre sont bas carbone et haute résilience. Dans les zones les plus reculées, où un milliard de gens n'avaient toujours pas l'électricité au début du XXIe siècle, on peut compter sur les panneaux solaires installés sur le toit de sa propre maison ou les mini-parcs éoliens qui alimentent tout le village. Cette révolution énergétique a ouvert la voie à bien d'autres progrès. Des populations entières ont fait un bond en matière d'hygiène, d'éducation et de santé. Des femmes n'ont plus à remuer ciel et terre pour trouver de l'eau. Des enfants peuvent faire leurs devoirs le soir. Des dispensaires isolés peuvent fonctionner normalement.

Au-delà de l'électricité, les bâtiments deviennent tous autonomes. Par exemple, ils récupèrent l'eau de pluie pour leur consommation. Les énergies renouvelables ayant rendu possible la désalinisation à l'échelle d'une rue ou d'un quartier, on peut désormais produire de l'eau potable à la demande où que l'on se trouve sur terre. L'eau récupérée sert aussi aux jardins hydroponiques, aux toilettes et à la douche[8]. Dans l'ensemble, nous sommes parvenus à réorganiser et restructurer notre existence autour du local. Malgré la chute spectaculaire du coût de l'énergie, c'est même devenu une priorité. Fini les longs trajets. Le télétravail s'est généralisé grâce à une meilleure connectivité, ce qui permet davantage de flexibilité et de temps pour soi.

Le vivre-ensemble en est sorti renforcé. Enfant, vous ne connaissiez peut-être pas bien vos voisins. Aujourd'hui, pour les économies autant que pour l'écologie, vous privilégiez le local dans tous les domaines et vous êtes amené à les côtoyer. Des actes autrefois individuels sont devenus collectifs – cultiver un potager, récupérer l'eau de pluie, composter. Ressources comme responsabilités sont partagées. Au début, vous avez résisté à cette idée de tout faire *ensemble* : vous étiez habitué à fonctionner seul dans l'intimité de votre foyer. Mais bien vite, ce réseau d'entraide et la solidarité qui en a découlé se sont révélés agréables, voire précieux. La plupart des gens y trouvent même leur bonheur.

Une bonne partie de cet effort collectif concerne l'alimentation, de la production à l'approvisionnement. Lorsqu'il est devenu évident qu'il fallait révolutionner l'agriculture intensive, la transition s'est faite rapidement vers des pratiques régénératrices prônant les céréales pérennes, le pâturage tournant et une meilleure rotation des cultures dans les grosses exploitations, ce qui les oblige à s'appuyer davantage sur les petites[9]. En tant que consommateur, au lieu d'aller en voiture dans un hypermarché où les articles ont fait plusieurs centaines, voire milliers, de kilomètres par avion, vous achetez quasiment tout auprès de producteurs et agriculteurs locaux. Que ce soit par immeuble, par rue ou par (grande) famille, tout le monde peut créer un groupement d'achats, et la plupart des gens font leurs courses ainsi désormais. Le groupe s'inscrit pour une livraison hebdomadaire, et le jour J il n'y a plus qu'à distribuer. Comme c'est la responsabilité de chacun, vous pouvez vous retrouver en binôme avec votre voisin du dessous et, la fois suivante, avec celui du dessus.

Malgré cette approche plus durable, la nourriture reste chère et engloutit jusqu'à 30 % du budget des ménages, ce qui explique que faire son potager soit devenu une nécessité[10]. Que ce soit dans un jardin partagé, sur un toit, à l'école ou même suspendu à un balcon, on a parfois l'impression que légumes et fruits poussent partout.

En cultivant soi-même, on a aussi pris conscience que la nourriture est chère car elle *devrait* être chère – après tout, ce procédé consomme de précieuses ressources. De l'eau. De la terre. De la sueur. Du temps[11]. Pour cette raison, les aliments les plus énergivores – protéines animales et produits laitiers – ont presque disparu de nos assiettes[12]. Heureusement, les substituts végétaux sont si bons que la majorité d'entre nous ne voit pas la différence. Les jeunes enfants ont du mal à croire qu'avant on tuait des animaux pour se nourrir. Il est encore possible de manger du poisson, mais exclusivement d'élevage, et sa production est mieux maîtrisée grâce aux progrès de la technologie[13].

Notre rapport à la malbouffe est plus rationnel. La place qu'elle occupe dans notre alimentation diminue de jour en jour grâce aux taxes instaurées sur la viande transformée, le sucre, les plats trop riches. Cela a contribué à réduire les émissions de CO_2 de l'agriculture, mais la vraie bonne surprise concerne notre santé. Baisse des cas de cancers, de crises cardiaques, d'AVC – les gens vivent mieux et plus longtemps, et par ricochet, les systèmes de santé du monde entier coûtent de moins en moins cher. Grâce aux économies réalisées, une part considérable du coût de la lutte contre le réchauffement climatique a pu être récupérée[14].

Sur la liste des dépenses qui semblent extravagantes aujourd'hui, on peut ajouter à celles de santé cet autre anachronisme : la voiture diesel et à essence. La plupart des pays ont interdit sa fabrication en 2030[15], mais il aura fallu encore quinze ans pour que plus aucun moteur à combustion interne ne circule sur les routes. Aujourd'hui, ceux qui souhaitent admirer une voiture à essence doivent aller au musée ou à des rallyes d'un nouveau genre, lors desquels des nostalgiques acceptent de payer une compensation pour conduire sur quelques kilomètres de circuit leur véhicule classique – transporté en camion électrique, bien entendu.

Lorsqu'il a été temps de prendre le virage de l'électrique, certains pays étaient déjà en avance. Ceux qui étaient à la pointe de la technologie (comme la Norvège) ou qui privilégiaient traditionnellement le vélo (comme les Pays-Bas) avaient voté un moratoire sur le sujet bien avant. Sans surprise, ce sont les États-Unis qui ont eu le plus de mal à sauter le pas. Il a d'abord fallu restreindre la vente de voitures traditionnelles, puis les interdire dans certaines zones urbaines : les « zones à très faibles émissions[16] ». Tout s'est accéléré avec l'amélioration de la capacité de stockage des batteries[17], puis la découverte de matériaux alternatifs qui ont fait baisser les coûts de fabrication, et enfin l'implantation massive de bornes de recharge[18], qui offrent à tous un accès facile et bon marché. Encore mieux, les batteries actuelles bénéficient d'une connexion bidirectionnelle avec le réseau électrique, ce qui signifie qu'elles peuvent soit se recharger, soit réinjecter du courant dans le réseau lorsqu'on ne roule pas. Une contribution bienvenue au réseau intelligent, qui fonctionne grâce aux énergies renouvelables.

Le développement massif de la voiture électrique et sa prise en main rapide ont aidé, mais elle a achevé de nous convaincre en comblant notre soif de vitesse[19]. Ne dit-on pas que pour chasser une mauvaise habitude, il suffit de la remplacer par une autre, plus saine ou tout aussi plaisante ? La Chine a dominé le marché pendant longtemps, puis les compagnies américaines se sont mises à fabriquer des modèles plus séduisants les uns que les autres. Certains classiques ont même été modernisés, leur moteur à combustion remplacé par un électrique capable de passer de 0 à 100 kilomètres-heure en 3,5 secondes[20]. Le plus curieux dans tout cela, c'est le temps qu'il nous a fallu pour comprendre que l'électricité est tout simplement un meilleur moyen de propulser un véhicule – davantage de reprise, de vitesse si nécessaire, un freinage permettant de récupérer de l'énergie et surtout beaucoup moins d'entretien.

À mesure que les ruraux sont devenus citadins[21], les besoins en voitures électriques ont encore baissé. La généralisation du « sans contact » a grandement facilité les déplacements urbains. Aujourd'hui, lorsque vous prenez le métro (électrique, bien sûr), plus besoin de chercher votre ticket ou de faire la queue pour en acheter un : le système de géolocalisation sait à quelles stations vous montez et descendez, et prélève le montant correspondant sur votre compte. Le covoiturage est devenu une évidence. En fait, la plus grosse difficulté pour les villes a été de réglementer et d'assurer la sécurité des passagers partageant un véhicule sans chauffeur. L'objectif était la fin du véhicule personnel d'ici à 2050 dans les mégapoles mondiales[22]. Nous n'y sommes pas encore, mais il y a du progrès.

Plus globalement, nous avons réduit nos besoins en transport. Depuis que l'imprimante 3D est accessible au plus grand nombre, nous sommes moins obligés de sortir pour acheter des objets[23]. Les drones nous livrent à domicile via leurs propres couloirs aériens, réduisant encore le nombre de trajets en voiture nécessaires[24]. Tout cela fait que les maires de 2050 rétrécissent les rues, suppriment des places de stationnement et investissent dans des projets d'urbanisme favorisant la circulation à pied et à vélo. Les parkings ne servent plus qu'au chargement des batteries, au covoiturage et au stockage – ces espaces, autrefois d'un gris hideux, sont rhabillés en vert. Les villes d'aujourd'hui semblent conçues pour la cohabitation de l'homme avec la nature.

L'avion a lui aussi connu une transformation. Les biocarburants ont remplacé le kérosène. Par ailleurs, les communications ont évolué au point que dans le monde entier on peut se réunir en visioconférence, sans avoir à se déplacer. On voyage encore en avion, mais avec davantage de modération et pour un coût extrêmement élevé. Le travail étant de plus en plus décentralisé et pouvant être effectué de partout, aujourd'hui on économise pour s'offrir des *slowcation*, ou « vacances lentes » : un voyage à l'étranger qui se compte non plus en jours mais en semaines, voire plus. Si vous vivez aux États-Unis et rêvez de visiter l'Europe, vous pouvez même projeter d'y rester plusieurs mois et travailler tout en traversant le continent à l'aide des moyens de transport locaux propres[25].

On a peut-être réussi à réduire nos émissions de CO_2, mais on subit encore les conséquences des niveaux records rejetés dans l'atmosphère. Les gaz à effet de serre n'ayant nulle part ailleurs où aller, ils restent à l'origine de phénomènes météorologiques extrêmes – mais moins que si l'on s'était entêté avec les énergies fossiles. Les glaciers et la banquise continuent à fondre, les océans à monter. Sécheresses et désertification demeurent une réalité dans l'ouest des États-Unis, certaines régions de la Chine et en Méditerranée. Couplés à la dégradation des ressources naturelles, ces phénomènes amplifient les disparités qui existaient déjà entre les revenus, les systèmes de santé, la sécurité alimentaire et l'accès à l'eau potable. La différence, c'est que les gouvernements actuels reconnaissent l'effet démultiplicateur du réchauffement climatique. Cette prise de conscience planétaire permet d'anticiper les problèmes et d'y parer avant qu'ils ne dégénèrent en crises humanitaires[26]. Ainsi, bien que chaque jour des populations soient en danger, la situation n'est pas aussi grave et chaotique qu'elle l'aurait pu[27]. Les pays en développement ont une économie forte, et grâce à un regain de confiance, des coalitions inattendues se sont formées. Lorsque l'un d'eux lance un appel à l'aide, la volonté politique d'y répondre concrètement est manifeste.

Le problème des réfugiés n'a pas été résolu, il s'est même intensifié avec le temps et reste une source majeure de conflits. Cependant, il y a environ quinze ans, on a cessé de parler de « crise ». Les pays se sont accordés sur des directives à suivre pour gérer l'afflux – comment assimiler les déplacés en douceur, distribuer les aides efficacement, se partager la tâche selon les régions. Ces accords fonctionnent la majeure partie du temps mais il arrive que la mécanique s'enraye, lorsqu'un État flirte avec le fascisme le temps d'un cycle électoral ou deux.

Les affaires marchent plutôt bien dans le secteur de la technologie, qui a remporté des contrats publics en développant des outils universels pour distribuer la nourriture et fournir un toit aux réfugiés climatiques. Une société a inventé un robot géant capable de construire une maison pour quatre en un jour[28]. Rapidité, qualité, faible coût : il n'est pas exagéré de dire que l'automatisation et l'imprimante 3D ont révolutionné le secteur. En parallèle, des acteurs du privé ont résolu certains problèmes d'hygiène et innové en matière de transport d'eau potable. La fermeture de plusieurs camps de réfugiés a entraîné une baisse sensible des cas de choléra.

Tout le monde sait qu'on est dans le même bateau. Une catastrophe ici aujourd'hui a de grandes chances de frapper là demain. Il nous a fallu un moment pour comprendre que si l'on parvenait à sauver les îles du Pacifique de l'élévation du niveau de la mer, on aurait peut-être les moyens de sauver Rotterdam dans cinq ans. Chaque pays a intérêt à mettre toutes ses ressources à disposition pour tenter de régler les problèmes ailleurs sur la planète. Premièrement, parce que trouver des solutions à l'urgence climatique et les tester bien avant d'en avoir besoin est simplement une façon intelligente de s'y prendre. Deuxièmement, parce que cela alimente la bienveillance : le jour où l'on aura besoin d'aide, on sait qu'on pourra compter sur les autres.

Une transition radicale s'est opérée dans l'air du temps. Notre rapport au monde a changé. Et, contre toute attente, notre rapport à autrui.

Lorsque le réveil a sonné en 2020, en grande partie grâce aux jeunes descendus dans la rue, nous avons pris conscience de la souffrance que causaient en nous la consommation, la compétition, la poursuite de nos intérêts personnels. Notre foi aveugle dans ces valeurs égoïstes, notre recherche du statut et du profit nous avaient transformés en rouleau compresseur pour l'environnement. L'espèce humaine était devenue incontrôlable, on a frôlé le désastre. On ne pouvait tout bonnement plus feindre de ne pas voir (sur un plan tangible, géophysique) que lorsqu'on tourne le dos à la régénération, à l'entraide et au sens de la communauté, l'annihilation guette.

Sortir de cette spirale d'autodestruction aurait été impossible si on n'avait pas changé d'état d'esprit et de priorités, si on n'avait pas compris que faire le bien de l'humanité revenait à faire le bien de la Terre. L'évolution la plus fondamentale a été que de manière collective – en tant qu'États, citoyens et entreprises – on se soucie désormais de l'homme et non plus du profit.

La crise climatique du début du XXIe siècle nous a enfin tirés de notre stupeur. À mesure que nous avons recommencé à nous soucier de notre environnement, en toute logique nous nous sommes tournés vers les autres et leur avons accordé la même attention. Ce faisant, nous nous sommes rendu compte que perpétuer notre espèce impliquait bien davantage que se protéger de phénomènes météorologiques extrêmes. Il allait falloir mieux s'occuper de la Terre *et* des autres. Au début de la lutte pour l'avenir de l'humanité, nous ne pensions qu'à notre survie, jusqu'au jour où nous avons compris qu'il en allait aussi de *notre* humanité. L'urgence climatique nous a révélés à nous-mêmes, et aujourd'hui que nous avons gagné en maturité, que nous faisons pleinement partie de la grande communauté de la vie, nous pouvons non seulement régénérer les écosystèmes, mais aussi révéler notre potentiel en faisant preuve de force et de discernement. L'humanité était condamnée uniquement car nous voulions bien le croire. Vaincre cette croyance aura été notre héritage le plus précieux.

II

TROIS ÉTATS D'ESPRIT

4

Choisir ce que nous voulons être

Notre avenir n'est pas encore écrit. Il sera façonné par ce que nous choisissons d'être aujourd'hui. Ainsi que nous l'avons découvert dans les mois précédant l'accord de Paris, si l'on ne peut pas maîtriser une situation complexe (c'est rarement le cas), le mieux est encore de changer sa façon de l'envisager, en se servant de soi comme catalyseur d'un changement plus global. Bien trop souvent, face à un défi, on passe directement au « faire » sans réfléchir à l'« être » – ce que *nous*, personnellement (ainsi que les autres), pouvons apporter comme solution. Et la chose primordiale qu'on peut tous apporter, c'est notre état d'esprit.

Le mahatma Gandhi nous exhorte à être le changement que nous voulons voir dans le monde. Or, nos actes sont largement définis par l'état d'esprit que nous cultivons en amont. Face à l'urgence, regarder d'abord en soi peut paraître illogique, mais c'est essentiel en réalité.

S'atteler à la transition climatique avec l'état d'esprit qui prédominait dans le passé ne mènera qu'à des avancées marginales. Pour s'ouvrir au changement, il faut d'abord changer notre manière de penser et de nous percevoir fondamentalement. Après tout, s'il en va de la qualité de vie de l'homme pour les prochains siècles, cela vaut le coup de se livrer à une bonne séance d'introspection. Notre avenir n'est pas encore écrit.

Paradoxalement, un changement de système est aussi une entreprise très personnelle. Nos sociétés sont le produit de nos schémas de pensée, qui dérivent de nos croyances.

Par exemple, l'économie actuelle se fonde sur la croyance qu'on peut extraire des ressources à l'infini, mal les utiliser et s'en débarrasser de manière irresponsable, en puisant plus que la planète ne peut produire et en polluant plus qu'on ne peut nettoyer. Au fil du temps, cette notion d'exploitation est devenue notre philosophie, ce qui motive nos actes.

De toute évidence, ça ne marche plus.

Les scientifiques ont amplement démontré qu'on a atteint une limite à ce que la planète pouvait endurer. Bientôt, il ne restera plus grand-chose à extraire ni à exploiter. Les experts sont catégoriques : nous devons tendre vers une économie régénératrice, qui œuvre en harmonie avec la nature, réduit les déchets au maximum, recycle les ressources utilisées et revitalise celles épuisées par l'homme. Il s'agit de retrouver la sagesse innée de cette même nature, qui sait se régénérer comme personne.

Un autre fait moins connu, mais tout aussi capital, est qu'on a atteint les limites de notre penchant pour l'individualisme et la compétition. Pendant longtemps, les sociétés occidentales ont eu tendance à faire primer l'intérêt personnel sur le bien-être commun. Le temps est venu d'approfondir la connaissance de nous-mêmes, de notre relation aux autres, et plus encore des écosystèmes qui rendent la vie sur terre possible.

La crise actuelle impose de changer radicalement notre façon de penser. Si l'on veut survivre et prospérer, il est primordial de se visualiser comme étant inextricablement lié à l'ensemble de la nature. Nous devons devenir de bien meilleurs gestionnaires, et le rester. C'est pour cela que cette transformation commence par l'individu. Ce que nous sommes et la place que nous occupons dans le monde définit notre rapport aux autres, à l'environnement et, à terme, l'avenir que l'on va contribuer à créer. Nous croyons fermement que trois états d'esprit sont fondamentaux pour la co-création d'un monde meilleur. Par taquinerie, nous les avons nommés « optimisme inébranlable, abondance infinie et régénération totale ». Ils n'ont rien de nouveau. Il y a même des tas d'exemples de personnages historiques qui possédaient ces qualités. Cependant, l'avenir que nous voulons exige d'en faire le modèle social dominant. Il se trouve que ces qualités sont innées chez l'être humain tant au niveau individuel que collectif, ce sont des valeurs que l'on peut susciter, alimenter et développer au quotidien.

Changer de paradigme pourra sembler colossal aux uns et insuffisant aux autres. Cependant, à notre époque, on a davantage conscience des liens étroits qui existent entre mondes extérieur et intérieur. Ainsi que Joanna Macy le souligne, « autrefois, changer le moi et changer le monde étaient considérés comme deux choses différentes : c'était soit l'un, soit l'autre. Ce n'est plus le cas aujourd'hui[1] ». La compréhension qu'on a de la science et de notre spiritualité corrobore l'idée que l'homme et la nature sont interconnectés.

Le pouvoir de ces trois états d'esprit réside en eux-mêmes, mais aussi dans la direction qu'ils donnent. Attachés comme nous le sommes à l'idée rassurante du statu quo dans nos vies (en matière d'amitié, d'amour, d'emploi, de logement, etc.), nous nous berçons souvent de l'illusion qu'il va durer. Mais le fait est que rien n'est permanent ; que tout change tout le temps, quand bien même on rêverait d'appuyer sur Pause pour retenir un moment fugace. Et qu'opérer un changement nécessite toujours de donner l'impulsion, une impulsion volontaire et dirigée.

C'est ainsi que nous ferons notre mue, réussirons à passer du défaitisme à l'optimisme, de l'exploitation à la régénération, de l'économie linéaire à l'économie circulaire, de l'intérêt individuel au bien commun, de la pensée à court terme aux actes à long terme. En cultivant ces trois états d'esprit, nous donnons une direction claire et forte à nos vies et à notre monde, et nous posons les bases nécessaires pour créer collectivement l'avenir que nous voulons.

5

L'optimisme inébranlable

Il y a 2 500 ans, Siddhartha Gautama (qui allait passer à la postérité sous le nom de Bouddha) en connaissait déjà un rayon sur l'optimisme. Il affirmait que pour atteindre l'éveil, la clarté de l'esprit était à la fois la dernière et la première étape. C'est l'esprit clair qui permet d'avancer. Sans lui, pas de progrès possible.

Le Bouddha avait aussi compris que nous ne sommes pas esclaves de nos mentalités mais qu'au contraire, nous participons activement à les créer. Les neurosciences l'ont confirmé depuis. Peu importe qu'on ait tendance à voir le verre à moitié plein ou à moitié vide. Nous avons la responsabilité historique d'agir, et la plupart d'entre nous vont devoir en passer par une reprogrammation du cerveau.

Des études en psychologie ont montré qu'une attitude peut être modifiée en identifiant les schémas de pensée et en cultivant une approche délibérément plus constructive. Il s'agit de prendre conscience de ces schémas, de repérer les suppositions qu'on fait malgré soi et de les rejeter si elles ne nous servent pas[1].

C'est à la fois simple et compliqué. Concrètement, nous avons tous des réflexes innés vis-à-vis du négatif. Que ce soit le dernier rapport alarmiste du GIEC ou un bus raté, nous avons une réponse acquise pour chaque situation de la vie, qui nous dicte comment réagir. Face à la crise climatique, la réaction de l'immense majorité des gens est l'impuissance. On voit ce qui se profile pour la planète, et on lève les bras au ciel. On se dit : « C'est terrible, et aussi tellement complexe, énorme, accablant. On ne peut rien pour l'arrêter. »

Cette réaction est non seulement erronée, elle est aussi devenue fondamentalement irresponsable. Si vous voulez aider à combattre l'urgence climatique, vous allez devoir apprendre une réponse différente à votre cerveau.

Vous pouvez le faire. Vous pouvez changer de regard, et vous serez stupéfait de constater l'impact qu'un tel changement peut avoir. Vous n'avez pas besoin d'avoir toutes les réponses, et il serait encore moins utile de vous voiler la face. Regardez la dure réalité avec un esprit clair, mais en parallèle, sachez que vous avez une chance incroyable de vivre à une époque où vous avez le pouvoir d'influer sur le destin de la Terre.

Vous n'êtes pas impuissant. Au contraire, chacun de vos actes est plein de sens, et vous avez un rôle à jouer dans le plus grand chapitre de l'histoire de l'humanité. Faites-en votre mantra. Remarquez à quel point votre esprit insiste sur votre impuissance face au réchauffement climatique – et refusez de l'accepter. Remarquez-le, puis réfutez-le. Votre schéma de pensée ne mettra guère longtemps à évoluer.

Quand votre esprit vous dit qu'il est trop tard pour agir, rappelez-vous qu'un minuscule degré en plus pourrait tout bouleverser, donc que toute réduction des émissions de CO_2 est bonne à prendre et allège le fardeau placé sur les épaules de notre avenir.

Quand votre esprit vous dit que c'est trop déprimant et que mieux vaut vous en tenir aux choses que vous pouvez directement influencer, rappelez-vous que se mobiliser pour d'aussi grands défis peut être enthousiasmant, donner du sens à la vie et créer du lien.

Quand votre esprit vous dit que le monde ne réussira jamais à réduire sa dépendance aux énergies fossiles, rappelez-vous qu'au Royaume-Uni, c'est plus de 50 % de l'énergie qui est déjà renouvelable[2], au Costa Rica 100 %[3], et que la Californie vise les 100 % d'énergie propre (y compris pour les voitures et les camions) le temps que les bébés d'aujourd'hui terminent leurs études à l'université[4].

Quand votre esprit vous dit que le problème est ce système politique qui n'a plus de sens, et qu'il ne sert à rien d'essayer puisque vous ne pouvez pas y remédier, rappelez-vous que les systèmes politiques restent sensibles à l'opinion publique et qu'à travers l'histoire, certains individus ont surmonté des obstacles extraordinaires pour porter le changement.

Et quand votre esprit vous dit que vous n'êtes qu'une personne, trop insignifiante pour faire la différence alors à quoi bon, rappelez-vous que les points de bascule ne sont pas linéaires. On ne sait pas exactement ce qui fera la différence, mais ce qui est certain, c'est que les systèmes peuvent changer et qu'à force de s'additionner, les petites actions créent un nouveau monde. Chaque fois que vous choisissez en tant qu'individu d'être un(e) gardien(e) responsable de notre belle Terre, vous apportez votre contribution à une transition majeure. Peut-être n'êtes-vous pas religieux, ni versé dans la spiritualité, mais songez au tailleur de pierre dans l'Europe médiévale, qui passait sa vie à construire l'une des grandes cathédrales. Il aurait pu choisir de ranger ses outils puisqu'il ne verrait jamais l'œuvre terminée. À la place, il travaillait patiemment, pierre après pierre, en sachant qu'il faisait partie d'un effort collectif qui enchanterait les cœurs pendant des générations. Il n'y a pas meilleure définition de l'optimisme, et le cultiver va être non seulement crucial pour améliorer l'avenir de l'homme, mais aussi votre vie actuelle.

Václav Havel le décrit fort à propos comme « un état de l'esprit, non un état du monde[5] ». On s'accorde souvent à dire que trois caractéristiques sont fondamentales pour que l'optimisme engendre une vraie transformation : la capacité à voir au-delà de l'horizon immédiat, l'aisance relative par rapport à l'incertitude du résultat, et l'engagement qu'il inspire.

Pour être optimiste, il faut commencer par admettre les mauvaises nouvelles sur le climat, dont on nous abreuve à longueur de journée, que ce soit dans les rapports scientifiques, les fils d'actualité, notre compte Twitter ou lors d'une conversation de comptoir déprimante. Ce qui est plus difficile, mais impératif si l'on entend réellement changer les choses, c'est de constater l'ampleur du problème et d'être quand même capable d'envisager un autre avenir. Encore mieux, de constater que cet avenir s'immisce déjà dans notre quotidien. Une fois les mauvaises nouvelles assimilées, il faut donc rechercher délibérément les bonnes nouvelles, par exemple la baisse constante du prix des énergies renouvelables, le nombre croissant de pays visant la neutralité carbone en 2050 ou avant, et de villes bannissant les véhicules à combustion interne de leur hypercentre, la hausse du transfert de capitaux de la vieille économie vers la nouvelle. Ces efforts ne sont pas encore suffisants mais ils ont le mérite d'exister. L'optimisme, c'est être capable d'identifier cet avenir de façon intentionnelle, afin de le faire advenir plus rapidement. Il est toujours plus facile de s'accrocher à ses certitudes que d'embrasser une cause parce qu'elle est juste et bonne, indépendamment de ses chances de succès. S'agissant des mesures prises contre le dérèglement climatique, on manque de recul et, à l'heure actuelle, on ne peut garantir la réussite d'aucune. On ne sait pas encore quelle énergie renouvelable finira par prédominer (s'il y en a une), ni lesquelles sont susceptibles de monter en flèche. Les voitures électriques ont beaucoup de problèmes de batterie à régler (poids, coût, recyclage), et pour les rendre viables, il va falloir développer considérablement le réseau de bornes de recharge. Le secteur financier manque d'instruments adéquats pour gérer de manière efficace les risques posés par les nouvelles technologies. Le modèle de marché qui nous fera passer de la propriété individuelle (d'habitation, de véhicule) à une propriété partagée doit s'amplifier et s'aligner avec la réglementation des États.

Lorsqu'on s'applique à ne pas regarder l'avenir par le petit bout de la lorgnette, on constate que les incertitudes doivent être acceptées, faute de quoi on reste enlisé dans le passé. On doit être prêt à prendre le risque de se tromper, d'avoir du retard et de décevoir, sinon la seule certitude, c'est qu'on court à notre perte.

Il est d'autant plus important d'avoir cet état d'esprit lorsqu'on prend conscience que les habitudes, les pratiques et les technologies du passé ne mèneront qu'à la destruction de la planète et à la souffrance de l'humanité. L'optimiste reconnaît qu'un autre avenir est possible, mais qu'il n'est pas promis. Face au réchauffement climatique, notre devoir à tous est d'être optimistes, non parce que le succès est garanti mais parce que l'échec est impensable.

L'optimisme rend fort : il est le moteur derrière le désir de s'engager, de contribuer, de faire la différence. Il fait sauter du lit le matin, parce qu'il teste et inspire en même temps. Il repère ce qui est novateur et donne envie de participer activement au changement. Rebecca Solnit l'a très bien formulé : « L'espoir, c'est la hache qui permet d'enfoncer une porte en cas d'urgence. (…) L'espoir devrait vous jeter dans la rue, parce qu'il faudra rassembler tout votre courage pour détourner l'avenir de guerres sans fin, de l'annihilation de la Terre et de l'oppression des pauvres et des marginaux. (…) Espérer, c'est se donner à l'avenir – et c'est cet engagement fort qui rend le présent vivable[6]. »

En d'autres termes, l'optimisme est la force qui va vous permettre de créer une nouvelle réalité.

L'optimisme, ce n'est pas le résultat d'une tâche que l'on s'était fixée. Ça, c'est célébrer. L'optimisme, c'est la *contribution* nécessaire à l'accomplissement de cette tâche.

L'optimisme, ce n'est pas espérer qu'une solution miraculeuse va tomber du ciel, c'est avoir une confiance indéfectible en notre capacité à relever tous les défis, grands et petits. C'est faire le choix de travailler dur pour améliorer notre réalité.

L'optimisme, c'est prouver à travers chacune de nos décisions et chacun de nos actes que nous sommes capables de créer un avenir meilleur. Du fond de sa prison en Alabama, Martin Luther King n'a cessé d'appeler à la réalisation de son rêve, quand bien même les choses se présentaient mal. Ils sont nombreux à en avoir fait autant à travers l'histoire. John F. Kennedy lorsqu'il a refusé d'accepter que la guerre nucléaire soit inéluctable. Gandhi lorsqu'il a décidé de marcher jusqu'à l'océan pour une poignée de sel interdit.

Dans chaque cas, des hommes importants croyaient qu'un monde meilleur était possible et étaient prêts à se battre pour lui. Ils n'ont pas nié les preuves contrariantes, ni dénaturé la réalité. Ils l'ont plutôt affrontée avec une foi indéfectible dans le changement, si inconcevable que cela puisse paraître sur le moment.

Bien avant le succès de la COP21 à Paris en 2015, nous avons appris à quel point l'optimisme était capital dans toute transformation. Christiana fut nommée responsable des négociations sur le climat en 2010, suite à la bérézina de la COP15 à Copenhague.

« Bérézina » n'est pas un vain mot pour évoquer Copenhague. Après des années de préparation et deux semaines tendues de négociations non-stop, la conférence accoucha d'un accord bancal, qui n'était ni acceptable sur le plan politique ni applicable sur le plan juridique. Les États-Unis se mirent dans l'embarras en parlant prématurément de succès. La Chine et l'Inde bloquèrent des avancées majeures avec le soutien unanime des pays en développement. Cette COP fut une foire d'empoigne, un concentré de frustration, d'indignation et de divisions en tous genres.

On était loin de l'« *Hope*nhagen » – « l'espoir de Copenhague » – promis par le pays hôte.

Si loin, en fait, que du sang fut versé.

Claudia Salerno, la représentante du Venezuela, venait d'être exclue d'une pièce où une poignée de dirigeants négociaient à huis clos. Elle était si furieuse et déterminée à être entendue qu'elle a empoigné la plaque en métal avec le nom de son pays et tapé sur la table à s'en faire mal à la main.

« Dois-je saigner pour attirer votre attention ? » a-t-elle crié au président de séance danois. « Un accord international ne peut être imposé par un petit groupe exclusif. Ceci est un coup d'État contre les Nations unies, et en refusant d'intervenir, monsieur, vous le soutenez », a-t-elle ajouté, ponctuant chaque phrase d'un coup sur la table.

Si l'espèce humaine en était réduite à cela pour sauver la planète, on était tous condamnés.

Six mois plus tard, le secrétaire général de l'ONU Ban Ki Moon demandait à Christiana de reprendre en main les négociations sur le climat. Il n'avait guère d'espoir, la sollicitait juste pour faire le tri dans les morceaux jetés à la poubelle politique et voir ceux qu'elle pouvait recoller.

Personne, du plus haut fonctionnaire de l'ONU aux délégués des États, en passant par les militants sur le terrain, ne croyait qu'un accord viable serait signé un jour. Tout le monde était convaincu que c'était trop compliqué, trop coûteux et trop tard de toute façon.

Par conséquent, le plus grand challenge de Christiana à son nouveau poste a été de restaurer un climat de confiance, en démontrant qu'un tel accord était possible. Avant même d'aborder les aspects politiques, techniques et juridiques de la chose, elle a dû s'employer à chasser le pessimisme ambiant. Il fallait que l'impossible devienne possible.

Et la première étape a été de changer son propre comportement.

Peu après sa nomination au poste de secrétaire de la Convention de l'ONU sur les changements climatiques, Christiana a tenu sa première conférence de presse – elle s'en souvient encore. Quarante journalistes étaient venus l'interviewer dans une pièce aveugle du Maritim Hotel de Bonn, en Allemagne. Après une ou deux questions inoffensives, la plus importante de toutes lui a été posée :

« Madame Figueres, pensez-vous qu'un accord mondial sera signé un jour ? »

Ce à quoi elle a répliqué sans réfléchir : « Pas de mon vivant, en tout cas. »

Spontanément, Christiana avait exprimé le ressenti des millions de participants à la COP15 et de militants qui avaient suivi les débats sur Internet. L'espoir avait disparu, remplacé par une souffrance bien réelle. Christiana avait peut-être dit tout haut ce que chacun pensait tout bas, mais cet accès de franchise lui déchirait le cœur. L'attitude qu'elle venait de perpétuer – c'était précisément ça, le problème. Si elle succombait au désespoir et, par extension, entraînait le processus de négociations dans sa chute, cela aurait un impact sur la qualité de vie de millions de gens et sur le destin des générations à venir. Elle ne pouvait pas laisser une telle chose arriver.

L'impossible n'est pas un fait. C'est une attitude.

Lorsque Christiana a quitté la conférence de presse ce jour-là, elle avait défini sa priorité : être un phare dans la brume, l'incarnation des possibles, qui allait permettre à tous les acteurs de se remettre autour de la table pour trouver une solution ensemble. Elle ne savait pas encore comment elle allait s'y prendre, mais elle savait que c'était sa seule option.

Chapeauter un projet aussi gigantesque revient un peu à tisser une tapisserie aux motifs élaborés avec des milliers de gens qui n'ont jamais touché une aiguille ni même eu le modèle sous les yeux. Les préparatifs à la COP 21 concernaient près de 200 nations, 500 assistants à l'ONU, plus de 60 points à débattre dans des négociations multilatérales (parfois transversales), et des milliers de participants de tous les milieux. Bien évidemment, chacun souhaitait le meilleur avenir possible pour l'humanité, mais une fois passé le cap des bonnes intentions, tout le reste a fait l'objet de tractations intenses, du programme de la prochaine session de travail à des sujets épineux tels que la place de la science dans la politique des États. Comme il fallait s'y attendre, freins, obstacles et contretemps sont rapidement devenus la norme.

Par conséquent, du début à la fin, nous avons prêté attention aux énergies négatives afin de les réorienter vers du constructif, afin que des solutions puissent émerger du sol fertile du bon sens et de la collaboration. Une fois l'élan créé, pour le conserver il a fallu procéder à des interventions ciblées, mais jamais arbitraires. L'idée était de gérer les frustrations dès leur apparition et de passer à la suite. Ce genre de dynamique peut être intimidante pour qui entend la contrôler, mais très stimulante si on l'envisage sous l'angle du potentiel, comme un jardin soigneusement entretenu, qui fleurit à mesure que les problèmes sont résolus et viennent enrichir le terrain d'entente commun.

Le 12 décembre 2015, l'accord de Paris était adopté à l'unanimité par 195 nations, et des centaines de millions de gens à travers le monde ont salué un moment historique. De nombreux facteurs ont contribué à ce succès retentissant, et de nombreuses personnes, mais aucun n'a été plus important que cet état d'esprit contagieux, qui a permis au bon sens collectif de l'emporter et aux décisions d'être prises. Ce jour-là, tous ceux qui s'estimaient concernés se sont sentis optimistes pour l'avenir, mais n'oublions pas que l'optimisme était le point de départ de cette folle épopée. Et que sans lui, jamais nous n'aurions trouvé d'accord.

Toutefois, il convient de reconnaître que cela ne suffira pas dans les années à venir, comme cela n'a pas suffi à Paris. Ce qui nous a donné la force de persévérer pendant cinq longues années de négociations était une catégorie très spéciale d'optimisme, réservé aux tâches les plus ardues : l'optimisme inébranlable.

L'optimisme n'est pas mou, il a du cran. Chaque jour apporte son lot de mauvaises nouvelles et de prophètes de malheur, nous affirmant que le monde court à la catastrophe. Face à l'incertitude, la pire des réactions est de sombrer. La seule digne de ce nom est de rester constant. Ne nous leurrons pas : quantité de barrières vont se dresser devant nous. Et à court terme, les conditions climatiques vont sans doute empirer. Nous devons choisir de persévérer malgré tout, audacieusement. Avec détermination et le plus grand courage, nous devons franchir les obstacles un par un et avancer.

Nous avons besoin à la fois d'une transformation systémique *et* d'un changement d'attitude individuel. Sans les deux, nous n'atteindrons pas l'ampleur nécessaire au rythme nécessaire. Nous occupons tous une place dans la société, que ce soit membre d'une famille, habitant d'un quartier, PDG, législateur. Quelle que soit la vôtre, vous pouvez et devez exercer ce rôle dans l'intérêt du bien commun. Tout le monde est utile.

Face à un si grand défi, la seule approche responsable est de protéger l'humanité (et les autres formes de vie) et de réorienter le cours de l'histoire. Même à ce stade avancé, c'est tout à fait possible, mais il va falloir faire preuve d'une intention collective et d'un optimisme si tenace qu'il va nous arracher à l'inaction dans laquelle on végète actuellement.

À bien des égards, le récit des cinq années qui ont mené à l'accord de Paris ressemble au processus que nous devons enclencher à présent. La plupart des gens pensent qu'il sera impossible de bouleverser notre économie en une petite décennie. Or, on ne peut se permettre un tel fatalisme – la seule option est de tourner toute notre attention vers les actions à entreprendre immédiatement pour initier le changement. Cela commence par notre façon d'appréhender les choses, notre détermination et notre capacité à transmettre aux autres la conviction qui nous anime, peu importent les difficultés. C'est la définition même de l'optimisme inébranlable.

L'évolution de l'humanité nous montre qu'on a su s'adapter en faisant preuve d'ingéniosité face aux défis des différentes époques. Celui que nous avons à relever aujourd'hui est le plus grand de tous. Il nous demandera peut-être un effort qui paraît insurmontable pour l'instant, mais il faut le prendre comme une invitation à se surpasser. Et la bonne nouvelle, c'est que nous en sommes capables.

6

L'abondance infinie

L'impression de devoir entrer en concurrence avec autrui pour obtenir ce que nous voulons, ou croyons vouloir, est en chacun de nous. Pour la plupart, nous avons grandi sous l'influence oppressante du paradigme à somme nulle, l'idée que si une personne gagne, une autre doit *forcément* perdre (un gain doit être « compensé » par une perte afin que la somme de tous les gains et pertes soit égale à zéro). Ce paradigme a enraciné la compétition dans notre vision du monde. Sans elle, point de grandes avancées économiques et sociales comme l'homme en a accompli depuis des siècles. Et nous aurons encore besoin d'une saine rivalité pour développer les technologies qui nous aideront à combattre le dérèglement climatique. Mais lorsque la compétition en vient à régner sur toutes les prises de décisions, nous perdons pied et commençons à voir des pénuries là où il n'y en a peut-être pas.

Rares sont ceux à n'avoir jamais ressenti une détermination soudaine et impérieuse à passer devant tout le monde pour s'assurer une place dans le train ou le bus.

Ce sentiment est tellement universel que dans certains pays, des annonces sont faites pour rappeler aux voyageurs de laisser descendre avant de monter. Mais parfois, l'incitation est trop forte et une simple annonce n'y fera rien : on joue des coudes quand même.

Le délire qui s'empare de nous dans ces moments-là n'est même pas dû à une bouffée de compétitionite aiguë. Il est dû à une *perception* profondément ancrée de la pénurie – l'idée qu'une chose est en quantité limitée quelle que soit la réalité. C'est parce qu'on est persuadés qu'un seul bon siège est à disposition qu'on tient à l'obtenir avant les autres. Que ce soit vrai ou pas, notre peur de la pénurie déclenche une réaction de compétition qui, à son tour, alimente notre peur de la pénurie, et cela se transforme en cercle vicieux.

Cette perception de la pénurie nous emprisonne dans un carcan mental. Il y a deux façons de se libérer de ce carcan. La première est de prendre conscience que, bien souvent, notre perception de la pénurie n'est pas objective mais de notre fait. Il suffit de voir qu'il y a d'autres places dans le train, ou que le prochain bus arrive dans trois minutes seulement.

L'autre solution est de prendre délibérément ses distances avec le paradigme à somme nulle. Une construction mentale plutôt curieuse, quand on y pense. Il est normal d'avoir un nombre limité de places dans un bus. Mais pourquoi le gain de mon voisin devrait-il obligatoirement être ma perte ? Peut-être que lui proposer le siège convoité va me permettre d'entamer une conversation aussi inattendue qu'agréable. Peut-être que cet acte simple va égayer sa journée, ou la mienne. Donner rend heureux, c'est bien connu, donc ma *perte* peut en réalité devenir mon *gain*. Et si l'on va par là, « ma perte ↔ ton gain » peut devenir « notre gain ».

Tout est dans l'état d'esprit.

La force de cet état d'esprit est telle qu'il est capable de nous convaincre de l'existence d'une pénurie, de nous embarquer dans une vaine rivalité et pire, de déclencher vraiment la pénurie qu'on craignait au départ. La ville de Tucson, dans l'Arizona, en est le parfait exemple. Tucson a été bâtie dans un désert, et au fil du temps, l'eau est devenue un problème majeur. La rivière Santa Cruz qui l'irriguait toute l'année est aujourd'hui asséchée, et il ne tombe que 28 centimètres de pluie par an. Et peut-être parce que l'eau était perçue comme une denrée rare, la population croissante, en voulant toujours plus, s'est mise à pomper avec une frénésie telle que le niveau de la nappe phréatique a baissé de 91 mètres. Les arbres et la végétation qui bordaient la rivière sont morts avec elle. La perception d'une pénurie d'eau, qui a conduit les gens à trop pomper, a fini par causer une pénurie encore plus grande, car la terre nue (ou pavée) absorbe moins bien le peu de pluie qui tombe – la majeure partie se contente de ruisseler. Et le plus étonnant, c'est que les 28 centimètres de pluie annuels représentent plus que la consommation d'eau de la municipalité[1]. L'eau n'a jamais été rare, ce n'était qu'une impression. Tucson en a même largement assez si l'on considère l'ensemble du cycle hydrique, et pas juste ce qu'il reste dans un puits X à un moment Y.

Lorsqu'une ressource est *perçue* comme rare mais est abondante en réalité (assez de places dans un bus ou de pluie pour tout le monde), nous avons le choix de réagir de façon étriquée, en pensant « compétition », ou bien de façon ouverte, en pensant « collaboration ». Cette réponse pourra être influencée par quelque chose d'aussi intime que notre degré de connaissance de soi, ou d'aussi simple que notre humeur du jour. Notre choix ne changera aucun des faits (le nombre de places dans le bus ou la quantité de pluie qui tombe) ; en revanche, il changera complètement l'expérience vécue. Et il est rare que l'expérience de collaboration ne se révèle pas enrichissante.

Cependant, lorsque les ressources sont *réellement* rares, et de plus en plus, la situation est très différente. Contrairement à ce que l'on pourrait croire d'emblée, en cas de vraie pénurie, la *seule* option viable est la collaboration. Et contrairement aussi à ce que l'on pense souvent, c'est celle que nous sommes naturellement enclins à adopter, du moins dans certaines circonstances.

Confrontés à une catastrophe telle qu'un ouragan, un tremblement de terre ou même un attentat, les gens tendent à être soudés. Des études menées après le passage de l'ouragan Katrina à La Nouvelle-Orléans et du typhon Haiyan aux Philippines, pour ne citer que ces exemples, ont montré qu'à une écrasante majorité, les sinistrés réagissent au choc par l'altruisme et l'esprit de solidarité, avant de collaborer pour reconstruire et tourner la page[2]. Notre tendance à donner dans ces moments-là, que ce soit du temps, un savoir, de l'argent, de l'amour ou un bon repas fait maison, domine largement notre tendance à la compétition. L'élément phare dans ce revirement est, comme on l'a déjà dit, que donner rend heureux. Par conséquent, si l'on agit avant tout au service d'autrui, en réalité on agit aussi au service de nous-mêmes[3].

Le 13 novembre 2015, peu avant l'ouverture officielle de la COP21, Paris a connu le pire attentat de son histoire. Les terroristes ont pris pour cible six lieux de la capitale, faisant 130 victimes et blessant près de 500 personnes. On se souvient des milliers de paires de chaussures disposées en rangs sur la célèbre place de la République, parmi lesquelles de simples chaussures noires à lacets envoyées par le pape François, pour symboliser la marche pour le climat qui n'avait pas eu lieu. Et pourtant, moins de deux semaines plus tard, les invités à la COP21 faisaient le voyage pour ce qui allait être le plus grand rassemblement de chefs d'État et de gouvernement sous un seul toit en un jour. Les 155 dirigeants étaient là pour trouver un accord sur le climat, bien sûr, mais c'était aussi une démonstration massive de solidarité envers la France.

En période de profonde souffrance, nous savons nous montrer à la hauteur, nous épauler et nous porter mutuellement secours. Il ne reste plus qu'à transposer notre propension naturelle à la bienveillance aux efforts à faire pour lutter contre la crise climatique.

Les exemples de catastrophes récentes et l'élan de solidarité qui s'est ensuivi ont sans doute eu un impact limité, et c'est une goutte d'eau dans l'océan de défis qui nous attendent. À l'échelle mondiale, la disparition des insectes, oiseaux et mammifères est sans précédent, et les surfaces boisées ont massivement diminué en cinquante ans. Les sols sont moins productifs, les mers moins poissonneuses. Plus subtil, et encore plus inquiétant, on commence à être à court d'espace pour stocker nos émissions de CO_2.

Imaginez l'atmosphère terrestre comme une baignoire que, pendant cinquante ans, on aurait remplie non pas d'eau, mais de gaz à effet de serre. Aujourd'hui on est presque arrivés en haut, à la limite de ce que la baignoire peut contenir, autrement dit à la quantité maximale de CO_2 qu'on peut libérer dans l'atmosphère : le budget carbone de la Terre. Si nous dépassons ce budget, la baignoire va déborder, et elle ne pourra plus s'arrêter de le faire. Nous sommes tout près des points de bascule irréversibles et totalement imprévisibles. Chaque tonne de CO_2 émise – et peu importe par qui – contribue au désastre potentiel. L'espace disponible dans la baignoire se réduit de plus en plus vite. C'est la pénurie ultime, la pire de toutes.

La Convention-cadre des Nations unies sur les changements climatiques de 1992 repose sur la reconnaissance que les pays développés ont une responsabilité historique dans la crise climatique, à cause du CO_2 émis par leur industrialisation gourmande en énergies fossiles. À l'opposé, la responsabilité des pays en développement est négligeable mais ils ont subi un impact disproportionné par rapport à la taille de leur économie. Ce n'est pas de l'idéologie, c'est un fait incontestable. Dans le même temps, trois décennies plus tard, il est devenu évident qu'à force de sortir les populations de la pauvreté en fondant leur croissance sur les énergies fossiles, certains de ces pays ont fait exploser les émissions de CO_2. Par conséquent, les premiers ont plaidé pour que les seconds s'engagent davantage à réduire leurs émissions. Pendant des années, cette demande a été refusée net par les pays en développement, qui y opposaient leur besoin de se développer encore, alors même qu'ils subissaient un impact écologique toujours plus grand.

Pléthore de suggestions ont été faites pour une répartition équitable du budget carbone. L'une d'elles consistait à limiter les émissions des pays développés afin de laisser de la place pour celles des pays en développement ; les intéressés ont jugé que c'était inacceptable. Une autre suggestion était la contraction progressive des émissions des pays développés parallèlement à une augmentation maîtrisée de celles des pays en développement. Sans surprise, aucun point de convergence satisfaisant tout le monde n'a été trouvé. Une troisième suggestion était d'imposer une limite mondiale de 2 tonnes de CO_2 par personne et par an. Mais étant donné que la fourchette varie de 0,04 tonne à plus de 37 tonnes selon les pays, ceux qui dépassaient allègrement cette limite ont cru à une blague.

Répartir l'espace atmosphérique en cherchant à être juste pour tous s'est révélé un exercice futile. Tant qu'on appréhendera le problème à travers le prisme de la compétition, on ne trouvera pas de solution équitable.

Sans compter que la Terre est dans un état trop grave pour continuer à tolérer cette mentalité. Pourquoi ? Parce qu'on a atteint une pénurie existentielle, c'est-à-dire le seuil de survie de beaucoup d'écosystèmes qui permettent de maintenir un niveau de gaz à effet de serre raisonnable. Si l'Amazonie brûle entièrement, les émissions de CO_2 seront si élevées qu'on en ressentira les effets sur tout le globe, pas seulement au Brésil. Si le permafrost fond, ce ne sont pas uniquement les pays du pôle Nord qui souffriront, c'est la planète entière. Nous sommes dans le même bateau. Une avarie à l'arrière ne signifie pas que seuls les passagers assis là vont se noyer. C'est le bateau qui coulera, et nous tous avec. Soit on gagne cette bataille ensemble, soit on la perd ensemble.

Le nouveau modèle que nous proposons s'appuie non plus sur la compétition mais sur la collaboration comme moteur pour régénérer la biosphère et créer une nouvelle abondance.

2014, COP20 de Lima.

Il n'est pas loin de minuit, et l'instant est critique.

Les négociations vont bon train depuis quelques jours mais là, ça coince sur la responsabilité des réductions d'émissions de CO_2. C'était prévisible, et on sait que cela aura des conséquences graves – le succès de la conférence de Paris l'an prochain en dépend.

Jusque-là, chaque fois qu'on se retrouvait dans l'impasse lors d'une séance de négociations internationales, on entendait frapper doucement à la porte, au milieu de la nuit souvent, et Xie Zhenhua, le chef de la délégation chinoise pendant des années, entrait. Cette fois encore c'est lui, et il a un message clair. L'ébauche du pré-projet ne tient pas compte des différences considérables entre responsabilité passée et capacités futures à gérer la crise climatique. Les pays en développement préfèrent encore ne rien signer à Lima et à Paris plutôt que de sanctionner une injustice. C'est alors que le ministre chinois mentionne un accord passé récemment entre les États-Unis et la Chine ; un texte minutieusement rédigé, qui tourne le dos à la compétition et à la pénurie pour tendre vers la collaboration et l'abondance. Aucune mention n'y est faite des responsabilités historiques des pays développés, ni des futures obligations pour les pays en développement. Cet accord se fonde sur un paradigme différent, qui encourage à rechercher les bénéfices des réductions d'émissions de CO_2 pour chaque nation, individuellement *et* collectivement : un paradigme qui va *au-delà* de la somme nulle.

À nous maintenant d'adapter ce modèle conceptuel à un contexte multilatéral de 195 nations, de manière qu'il s'harmonise avec tous les autres points pour lesquels un terrain d'entente a déjà été trouvé. Il s'agit d'abord de négocier au mot et à la virgule près le texte entre la délégation américaine, menée par Todd Stern et Sue Biniaz et la délégation chinoise conduite par le négociateur en chef sur le climat, Xie Zhenhua. On entame des allers-retours discrets entre les bureaux, afin de ne pas montrer de signes d'activité frénétique aux milliers d'autres délégués, fatigués et angoissés, qui se demandent si la session ne va pas carrément échouer. Après plusieurs manifestations de bonne volonté de part et d'autre, un premier jet émerge, et les deux camps s'appliquent à remporter l'adhésion de leur groupe respectif de pays. Le nouveau principe entériné par l'accord : agir pour réduire les émissions de CO_2 est en effet une responsabilité de chaque pays, mais dans son propre intérêt, ainsi que dans l'intérêt de la planète. Ce changement radical d'état d'esprit et de langage – fini la compétition, on vise une situation gagnant-gagnant, où tout le monde bénéficiera d'une nouvelle abondance sans empiéter sur les plates-bandes de son voisin – a ouvert la voie à l'accord mondial qui allait être signé à Paris en 2015.

Aujourd'hui, un nombre croissant de pays comprennent parfaitement que leur développement au XXIe siècle peut et devrait être propre, et que faire l'effort de décarboner l'économie ne leur apportera que des choses positives : une meilleure qualité de l'air, plus d'emplois, d'efficacité dans les transports, de villes habitables, de terres fertiles. Cette transition volontaire vers l'état d'esprit d'abondance ne pointe pas du doigt les limites d'une économie carbonée ; elle donne plutôt à chaque pays des tas de raisons positives de ne pas dépasser ces limites individuellement et collectivement. Lorsqu'un pays démontre les avantages d'une politique écologique sur son économie, d'autres le suivront, le mouvement prendra de l'ampleur et le taux de décarbonation mondiale augmentera, protégeant ainsi la planète.

En prônant la collaboration, nous nous libérons du cadre réducteur qui pousse à atteindre « ce que je veux, ou crois vouloir », et nous nous ouvrons à des possibilités plus larges, disponibles sous quantité d'autres formes ; disponibles pour moi mais pas seulement, pour les autres aussi. Prendre conscience de l'abondance ne va pas conduire à une augmentation illusoire des ressources, mais plutôt démontrer qu'il existe pléthore de moyens de satisfaire les besoins et les envies de tout le monde. De cette manière, la nature sera protégée, les écosystèmes regénérés et nos relations humaines enrichies. L'abondance infinie.

Sur le plan individuel aussi, nous sommes amenés à renforcer la collaboration et à cultiver l'état d'esprit d'abondance. Ce n'est pas si difficile qu'il y paraît.

Considérez l'exemple des sources d'énergies infinies que sont le soleil, le vent, l'eau, les vagues et la chaleur de la Terre, qui produisent déjà toutes de l'électricité mais ne s'épuiseront jamais. Sans oublier les sols, les forêts et les océans, qu'on peut régénérer et exploiter en vue de l'abondance au lieu de les surexploiter jusqu'au tarissement. Les écosystèmes eux-mêmes fonctionnent sur ce principe – ils dépendent de composants naturellement abondants, comme les déchets qui, le moment venu, fournissent les nutriments nécessaires à la croissance.

Ajoutez à cela la créativité, la solidarité, l'innovation et bien d'autres qualités, dont l'homme dispose à profusion et sans limites.

À présent, penchons-nous sur Internet. Si l'essor des connaissances en libre partage pose le problème de la protection des données personnelles, il a aussi eu le mérite de populariser les notions de collaboration et d'abondance infinie. Prenez Wikipédia, LinkedIn, Waze. Chaque utilisateur de ces sites est unique, pourtant tous sont étroitement liés via un système qui grossit en permanence. Chaque utilisateur contribue au tout, mais l'ensemble des connaissances est plus grand que la somme des utilisateurs. Et le système lui-même mue sans cesse, se développant ici, se corrigeant là, s'aventurant dans des zones inconnues. La compétition y joue un rôle, mais limité car tout le monde contribue, récolte les fruits et fait partie d'un tout en expansion constante. Le but du jeu, c'est la collaboration. Et le résultat, ce sont les bienfaits partagés que l'abondance infinie a à offrir.

La prochaine étape pourrait être une philosophie de « l'open source en tout », soit une approche ouverte dans chaque domaine où s'exercent les talents de l'homme, avec un fonctionnement désormais fondé sur la collaboration, car, selon les principes observés dans la nature, il est clair qu'elle promeut la croissance de tout le système. Une telle approche nous permettrait de nous instruire les uns les autres en permanence, ce qui augmenterait de façon exponentielle notre capacité à co-créer du savoir et à partager produits et services, qui ainsi deviendraient accessibles à tous, utilisables par tous et pour le bien de tous.

La pratique de l'abondance commence par chasser de notre esprit une pénurie fantasmée pour se concentrer sur ce que l'on peut, collectivement, *rendre* abondant. Ce faisant, on sera davantage attentifs aux autres, à ce qu'on peut apprendre d'eux et partager avec eux. On prêtera aussi plus attention à ce qui nous pousse à la compétition, et pour mieux corriger le tir on s'attachera davantage à la manière dont on peut gagner tous ensemble. On sera plus à même de montrer notre reconnaissance à ceux qui ont contribué à une tâche, ce qui à son tour encouragera l'esprit d'équipe et de collaboration partout. On partagera les résultats de notre travail avec toute personne qui pourrait en avoir utilité dans le sien, sans penser au droit à la propriété intellectuelle. Le succès d'autrui n'est pas notre perte, c'est notre succès collectif, et il est toujours plus grand.

Nous entrons dans la prochaine phase de l'évolution. L'homme (et bien d'autres espèces d'animaux et de plantes) doit s'adapter à la pénurie des ressources naturelles provoquée par lui, et au peu d'espace qu'il reste pour stocker les émissions de CO_2 dans l'atmosphère. Nous n'avons plus le choix hormis celui de donner la priorité à la collaboration. Confrontés à la pénurie ultime, nous devons assimiler la nouvelle somme nulle (soit on gagne ensemble, soit on perd ensemble), appliquer le principe d'abondance dans chaque domaine et, par-dessus tout, réfléchir à ce que nous pouvons co-créer et partager.

7

La régénération totale

Épuisés après une longue journée de travail, nous allons dîner à deux dans un petit restaurant près de l'ONU pour discuter de ce qui a été accompli et de ce qu'il reste à faire. Nos voisins de table sont deux jeunes hommes. Ils ont déjà mangé et bavardent en buvant une dernière bière. Leur conversation nous interpelle. Malgré tous nos efforts pour nous concentrer sur la nôtre, on entend ceci :

« Mais pourquoi tu veux partir ?

– Parce qu'il n'y a plus rien pour moi ici.

– Et où tu vas aller ?

– Je ne sais pas. N'importe où, du moment que je trouve mieux. »

On se regarde en haussant les sourcils. Le sentiment exprimé par ce jeune homme est tellement répandu – lorsqu'il n'y a plus rien, il est temps de chercher davantage ailleurs.

Cette obsession à « trouver mieux » n'a rien d'un caprice. Au contraire, elle est en l'être humain depuis des siècles. En tant que conquérants de terres lointaines, nous avons fait main basse sur les métaux, minéraux et denrées exotiques des colonies, leur laissant le plus souvent en échange le chaos, des maladies infectieuses et un stock de bibles. En tant que responsables de sols fertiles, nous avons fait preuve d'une efficacité remarquable pour arracher les arbres nourriciers et ne léguer qu'une couche arable appauvrie.

En soi, cet instinct n'est pas mauvais. Il nous aide à grandir et à relever de nouveaux défis. Mais en réalité, notre essor personnel et professionnel va dans deux sens : ce qu'on obtient *et* ce qu'on donne. Or, on s'est tellement habitués à ce que la transaction aille en un seul sens, celui d'*obtenir*, qu'on perd souvent de vue le trou béant que cela crée dans notre sillage.

Notre planète ne peut tout simplement plus supporter une croissance qui ne va qu'en un sens. L'humanité est arrivée au bout de ce chemin-là. Le temps d'obtenir sans contrepartie est terminé. Face à nous, un gigantesque panneau avertit : DANGER, précipice.

L'exploitation des ressources naturelles est une tendance profondément enracinée en l'homme. Si l'on veut en changer, ne plus se contenter d'appauvrir et d'épuiser, il faut porter notre attention sur un autre trait de caractère humain, aussi fort mais positif : notre capacité à la régénération. À nous soucier de nous et des autres. À communier avec la nature. À œuvrer ensemble pour reconstituer des stocks et nous assurer qu'il y en aura assez à l'avenir. Ces tendances sont tout aussi naturelles chez l'homme, mais moins développées dans notre société moderne. Il est grand temps de les ramener au premier plan.

Le concept de régénération ne nous est pas totalement étranger.

Si vous avez des enfants, songez au soutien que vous leur apportez lorsqu'ils traversent une période de doute – avec quelle patience vous écoutez leurs angoisses et les incitez à garder espoir. Souvenez-vous de l'ami que vous avez encouragé le jour où il s'est retrouvé dans une impasse professionnelle, du temps que vous avez consacré à lui redonner confiance pour l'aider à rebondir.

Parfois, il est plus facile d'exercer sa capacité à la régénération avec ses proches, voire des inconnus à l'autre bout du monde, qu'avec soi. Cela part d'un noble sentiment, mais pour être le plus efficace possible, il est capital de commencer par soi-même.

Vu l'ampleur de la crise climatique, chacun a un besoin urgent de se ressourcer s'il ne veut pas craquer un jour prochain. Devant le risque de burn-out, certains de nos collègues qui avaient travaillé durant des années sur le réchauffement climatique dans des circonstances stressantes ont eu la sagesse de prendre un congé, afin de retrouver l'énergie qui commençait à leur faire défaut en allant puiser du réconfort dans la nature ou la spiritualité. Depuis, les plus avisés d'entre nous ont intégré la méditation de pleine conscience et des techniques de relaxation à leur quotidien.

Notre expérience onusienne nous a appris que pour supporter le bombardement continuel de mauvaises nouvelles, il était essentiel d'avoir les pieds sur terre. Sans cela, on est comme une feuille dans le vent – à la merci des éléments. Mieux vaut être un arbre, fermement enraciné dans nos valeurs, nos principes et nos convictions. Aujourd'hui, nous nous rendons vite compte que notre journée est bien différente selon que nous avons pris le temps de méditer ou pas. De toute évidence, les bienfaits de la méditation s'apprécient pleinement après des années de pratique, mais ils commencent à se faire sentir bien avant. Peut-être la méditation ne vous dit-elle rien, ou ne voyez-vous pas l'intérêt d'une pratique spirituelle. Pour autant, vous pouvez et devez vivre en pleine conscience. Que ce soit faire du jardinage, des travaux manuels, du dessin, de la musique (en écouter), du sport, une promenade au parc ou du canoë-kayak, déterminez l'activité qui ressource votre esprit et votre âme et pratiquez-la régulièrement.

Notre première responsabilité est de prendre conscience de ce qui nous épuise (quand, comment) et de nous revitaliser. Notre deuxième responsabilité est de réaffirmer la capacité à la régénération dont nous faisons déjà preuve avec nos proches. Mais il ne faut pas s'arrêter là. Notre troisième responsabilité est d'appliquer le concept au-delà de notre cercle intime et en premier lieu à la nature.

Dans le monde naturel, l'interprétation la plus stricte du terme « régénération » est le processus d'autocicatrisation qui permet de guérir la partie abîmée de tissus par ailleurs sains. Citons le triton, le lézard, la pieuvre et l'étoile de mer, qui sont capables de faire repousser leur queue ou un membre perdus. Chez l'homme, l'adulte peut retrouver un foie de taille normale après une blessure ou une ablation partielle. Et on a tous observé le miracle de la peau qui guérit seule d'une éraflure ou d'une plaie, parfois sans en garder aucune trace.

Plus généralement, le concept de régénération est la capacité d'une espèce ou d'un écosystème à se rétablir sans aucune aide une fois que l'homme a cessé d'exercer sa pression sur eux. Les baleines et les terres dégradées en sont de très bons exemples. Après avoir été pratiquement décimées au XIXe siècle par la chasse commerciale, les populations de baleines grises et à bosse sont en passe de revenir au niveau d'avant. L'interdiction de la pêche à la baleine montre que si on le laisse tranquille, un animal a la capacité de rebondir (en partant du principe qu'on ne l'a pas déjà poussé à l'extinction). C'est tout aussi vrai pour les écosystèmes. On le voit bien sur les sites de ruines abandonnées par l'homme, dans lesquels la nature finit toujours par reprendre ses droits. L'exemple parfait est Tchernobyl. Une fois la zone évacuée, les plantes ont recommencé à pousser, nourrissant des vers et des champignons qui, à leur tour, ont nourri le sol. Aujourd'hui, elle regorge de chants d'oiseaux, et des grands mammifères comme les sangliers et les ours sont même revenus. Quand l'homme retire la pression qu'il exerce, la nature a tendance à guérir.

La multiplication des crises – dérèglement climatique, déforestation, disparition de la biodiversité, désertification, acidification des océans – est telle qu'on ne peut plus s'en remettre naïvement à la seule résilience de la nature, cependant. Elle a beau avoir un don inné, sa capacité à l'autoguérison n'est plus acquise et aujourd'hui elle n'est même pas loin d'être anéantie : elle a besoin d'un coup de pouce. Dans la plupart des cas, restaurer un écosystème nécessite une intervention humaine ciblée, comme dans celui du « réensauvagement », qui consiste à enlever la pression destructrice du pâturage ou de l'agriculture intensive sur un habitat, à y réintroduire des espèces animales indigènes puis à laisser faire la nature, qui va peu à peu retrouver une biodiversité riche. De la même manière, planter des arbres et des arbustes sur des terres déforestées ou dégradées va favoriser la régénération des sols, augmenter la productivité et stabiliser les nappes souterraines. Dans les Highlands, en Écosse, un vaste projet de reboisement est en cours, et les chercheurs ont remarqué que la disparition des arbres entraînait celle des champignons, qu'en temps normal on trouve dans le sol à leur pied. Il s'avère que la mycorhization (la symbiose entre champignons et racines de plantes) stimule considérablement le processus de reforestation, et depuis cette découverte, des spores de champignons indigènes sont ajoutées aux racines des jeunes arbres au moment de les planter, afin d'accélérer la reprise de la forêt calédonienne.

Un autre bon exemple de régénération volontaire est l'élevage de corail, ou coraliculture. Il s'agit de prélever des coraux sur un récif sinistré, de les casser pour les bouturer, de les élever dans des pépinières où ils vont se développer en un temps record, et de les replanter in situ. Avec l'apparition de techniques innovantes, les scientifiques pourront bientôt lancer de vastes chantiers de revitalisation des précieux récifs en danger ou déjà morts. La nature sait se régénérer, mais quand on lui prête main-forte, elle augmente ses chances et sa vitesse de progression. Avec notre aide, la régénération peut devenir la voie royale de l'évolution de la Terre.

L'homme a mené la nature au bord de dangereux précipices, et elle ne pourra pas s'en sortir seule. Imaginez un élastique qui s'allonge et se rétracte normalement mais qui, si on l'étire trop, casse net. Il ne fait aucun doute qu'aujourd'hui, la régénération de la nature doit être volontaire, planifiée et exécutée à l'échelle mondiale. On ne rattrapera pas tous les dommages qu'on a causés. De nombreuses espèces ont disparu pour toujours, et certains écosystèmes ont peut-être déjà dépassé leur seuil de résilience. Mais on a la chance de jouir d'un environnement encore relativement stable, qui répond de façon positive à nos soins. Une régénération bien intentionnée et bien menée peut restaurer les écosystèmes, sans doute pas au niveau d'avant, mais à un état de santé satisfaisant et de résilience accrue.

Commençons à changer d'état d'esprit en prenant pleinement conscience que notre existence, notre survie pure et simple, dépend de la nature. L'être humain ne peut tenir plus de quelques minutes sans oxygène. Cet oxygène que l'on respire provient de la photosynthèse des arbres, de l'herbe et des plantes sur terre, et du phytoplancton dans les océans. L'eau que l'on boit provient de la pluie, des glaciers, des lacs et des rivières. Sans terres, nous n'aurions rien à manger, que ce soient fruits, légumes et céréales ou vaches, poulets et moutons ; sans les fleuves et les océans, nous n'aurions ni poissons ni fruits de mer. Nous sommes incapables de survivre plus d'une semaine sans eau, trois sans nourriture. Chaque fois qu'on respire, qu'on boit, qu'on mange, on le doit à la nature, et c'est ce qui nous lie intimement à elle. Cette vérité est élémentaire, et pourtant on a tendance à l'ignorer ou à la considérer comme allant de soi.

Notre survie immédiate n'est pas la seule à dépendre d'écosystèmes en état de marche. En grande partie, notre santé physique et émotionnelle repose sur le contact avec la nature autour de nous. Ce contact est menacé par l'urbanisation galopante et la place toujours plus grande que prennent l'ordinateur et le portable. La vie sédentaire, qui se caractérise souvent par un manque de lumière naturelle, une mauvaise qualité de l'air, un environnement clos et de plus en plus de temps passé sur les écrans, entraîne non seulement des problèmes de surpoids et de mauvaise forme générale mais aussi un sentiment d'isolement et de dépression. Ces symptômes ont été regroupés sous le terme générique de « syndrome du déficit de nature[1] ». Inversement, certaines études montrent une baisse significative de la mortalité, du stress et des maladies chez les gens ayant une activité physique et passant du temps dans la nature. Les jeux en extérieur pour les enfants, le jardinage ou une balade à la campagne augmentent notre bien-être tout en nous sensibilisant à la lumière qui change, au temps qu'il fait, aux saisons qui passent.

Ainsi, la reconnexion à la nature est un antidote puissant à l'anxiété, et prévient la maladie. Le Japon encourage fortement la pratique du *shinrin-yoku*, le fameux « bain de forêt », qui consiste à passer un moment de détente dans les bois. Aussi bon pour l'âme que pour le corps, le bain de forêt stimule le système immunitaire, fait baisser la tension, favorise le sommeil, remonte le moral et donne de l'énergie. Il est même devenu un élément indispensable du système de santé japonais.

Un nombre grandissant de pédiatres prescrivent du temps libre dans la nature afin de combattre l'obésité infantile, de susciter l'émerveillement et d'éveiller l'amour de la faune et de la flore locales. Certains vont même jusqu'à penser qu'un documentaire sur une espèce en danger dans un pays lointain ne saurait remplacer l'expérience de s'occuper de plantes chez soi ou d'explorer un parc en quête de papillons, d'oiseaux et de libellules.

La conscience de notre dépendance et de notre interconnexion à l'écosystème planétaire se développe, tout comme la conscience du besoin urgent qu'il y a à le régénérer. D'innombrables efforts sont faits aux quatre coins du globe pour replanter des arbres, protéger des mangroves et des tourbières, restaurer des zones humides et des terres dégradées grâce à la récupération de l'eau de pluie, la culture de céréales pérennes, l'agroforesterie. Il s'agit à présent d'en faire plus, beaucoup plus.

L'état d'esprit régénérateur est d'autant plus efficace qu'on s'y attelle volontairement et systématiquement. C'est à la fois cultiver la douceur et un mental en béton. C'est comprendre qu'au-delà d'obtenir ce qu'on désire de nos semblables, notre responsabilité est de nous ressourcer et d'aider autrui à se ressourcer afin d'atteindre des niveaux d'énergie et de lucidité supérieurs. C'est comprendre qu'au-delà de puiser dans la nature, notre responsabilité et notre propre intérêt est de la protéger et même d'en augmenter la fertilité. Ambitions personnelles et objectifs environnementaux sont liés, se renforcent mutuellement et donc nécessitent qu'on leur accorde la même attention.

C'est aussi réduire l'écart entre la manière dont la nature fonctionne (la régénération) et celle dont l'homme a organisé sa vie (l'extractivisme, soit l'exploitation massive des ressources[2]). C'est nous permettre de « redéfinir la présence de l'homme sur terre[3] » en se basant sur notre créativité, notre capacité à trouver des solutions et notre amour farouche pour cette planète. David Attenborough, l'un des plus célèbres naturalistes de notre temps, a déclaré : « Le jardin d'Éden n'est plus. » Nous sommes d'accord avec lui. C'est pourquoi nous devons créer un jardin d'Intention, un Anthropocène délibérément régénérateur.

À la place de mines à ciel ouvert, de collines déboisées et d'océans exsangues, imaginez des millions de projets de réensauvagement, assez pour couvrir un milliard d'hectares de forêts, zones humides et prairies, sans oublier des élevages de corail collaboratifs dans toutes les mers tropicales.

Cet Anthropocène régénérateur ne va pas tomber du ciel, on le sait. À nous de le bâtir à dessein. Si nous avons le cap *et* la volonté, nous pouvons aspirer à une société régénératrice avec tout ce que cela implique en termes de valeurs, de principes et de pratiques.

À nous d'introduire des cultures humaines régénératrices, qui auront une influence positive durable sur les écosystèmes. Pour ce faire, nous aurons autant besoin d'artistes que de législateurs, d'agriculteurs que d'industriels, de grands-mères que d'inventeurs, de chefs indigènes que de scientifiques.

À nous de faire de la régénération le fil conducteur de nos vies. À nous de stimuler la résilience de la nature, de renforcer nos communautés et de guérir notre âme en même temps. Bien entendu, nos réunions d'entreprise comme de famille devront viser la neutralité carbone, mais elles devront surtout être l'occasion de plonger ensemble les mains dans la terre ou l'eau, d'agir pour revitaliser plutôt que d'abîmer la planète.

À nous d'orienter la boussole de *centré sur soi* à *aligné sur la nature*. D'analyser chacun de nos actes, et de ne pas craindre d'être radical. Ce que je viens de faire contribue-t-il activement à la prospérité commune de l'homme et de la planète ? Si oui, tant mieux. Sinon, on oublie. C'est tout.

Ce n'est pas un rêve lointain. C'est déjà en train d'arriver. Nous ne pouvons que souscrire à ce qu'a écrit la célèbre écrivaine indienne Arundhati Roy : « Un autre monde n'est pas seulement possible, il est en chemin. Beaucoup d'entre nous ne serons plus là pour l'accueillir, mais quand tout est calme, et que je prête l'oreille, je l'entends déjà respirer. »

III

DIX ACTIONS

8

Faire le nécessaire

Paris, décembre 2015, cinquième jour des négociations. On travaille ensemble dans le bureau de Christiana quand tout à coup, quelqu'un frappe à la porte.

Il s'agit de Kevin O'Hanlon, le chef de la sécurité de l'ONU. Son inquiétude est palpable.

« La police a trouvé une bombe. »

Parmi tous les scénarios envisagés, c'est le plus redouté.

À cause des récents attentats, pour la première fois de leur histoire, les Nations unies ont permis à la police d'un pays hôte de sécuriser la zone des arrivées et des départs, donc d'investir un lieu à nous. Légalement, l'endroit où se déroulent les négociations de l'ONU est considéré comme extraterritorial le temps des débats, et par conséquent il n'est placé sous aucune tutelle autre que la sienne. Mais pour la COP21 nous avons transformé l'aéroport du Bourget en vaste centre de conférences. Avec 25 000 participants venus de 195 pays, la COP21 est une cible toute trouvée. Nous savions que l'aide du GIGN et de ses équipes cynophiles nous serait précieuse. La France a déployé 30 000 policiers et mis en place 238 points de contrôle à travers tout le pays. La sécurité est sans précédent. Mais ce qu'on tente d'accomplir ici l'est tout autant. Les plus grandes négociations sur le climat de l'histoire ont débuté il y a moins d'une semaine. L'enjeu est colossal.

La bombe a été découverte dans une poubelle de la station de RER Le Bourget, l'arrêt qui desservait la COP21 et par où transitaient les milliers de participants. Les filles de Christiana y passent au moins deux fois par jour. Tom, lui, a laissé à la maison deux jeunes enfants qui attendent son retour. On se regarde, et chacun revoit les scènes d'horreur qui datent d'il y a à peine trois semaines. Bris de verre partout. Sang. Corps sans vie. Familles éplorées.

La bombe a été neutralisée, mais il est impossible d'affirmer qu'il n'y en a pas d'autres ailleurs.

On a tout à perdre. Après des années de réflexion, une ébauche d'accord est enfin sur la table. On a négocié l'objectif à long terme de la neutralité carbone, la protection des plus vulnérables, et même un mécanisme obligeant à réaffirmer ponctuellement l'engagement des pays à s'efforcer de maintenir la hausse des températures « bien en deçà de 2 °C ». Mais si ces termes figurent dans le premier jet, rien ne garantit qu'ils survivront à la pression de nombreux pays pour les faire passer à la trappe. Sans compter qu'on en veut encore plus. On souhaite que l'accord nous mette sur la voie des + 1,5 °C au maximum. Un monde à + 2 °C, cela signifie trois fois plus d'infrastructures détruites, de biodiversité anéantie, d'innocents en danger de mourir de chaleur, de faim, de soif. Ce demi-degré d'écart revient à sauver des millions de vies, peut-être même à donner la chance aux îles et aux côtes basses de ne pas être englouties. Si la conférence est suspendue, impossible de dire si une autre occasion se présentera – de formidables obstacles politiques restent à surmonter, et la résistance s'organise pour empêcher le monde d'accomplir ce qu'il doit.

C'est notre chance.

Et maintenant, une décision doit être prise.

Doit-on mettre fin à la COP21 et à l'occasion qui nous est donnée de signer un accord historique, ou bien la poursuivre, avec tous les risques que cela entraîne ? Ce n'est pas la première fois que Christiana est confrontée à un choix cornélien mais celui-ci, une mère ne devrait jamais avoir à le faire.

Danger, peur, immense gâchis, tous ces sentiments contradictoires nous envahissent au même moment. C'est terrifiant, mais ce n'est pas le moment de flancher. Il faut agir – d'une manière ou d'une autre.

Vous aussi, vous êtes confronté à un choix, et à ce stade vous avez saisi l'importance des enjeux. Le temps qu'il vous reste pour faire ce choix s'amenuise de jour en jour. Le chapitre précédent décrit les trois états d'esprit à cultiver face au défi posé par la crise climatique, mais en soi, cela ne suffit pas. Pour que l'alchimie opère vraiment, notre changement de mentalité doit se traduire par des initiatives concrètes.

Il y a dix actions à entreprendre pour créer un avenir régénérateur, l'avenir que nous espérons vous voir choisir. Certaines sembleront familières, d'autres non. Pourquoi ? Parce que nous nous sommes efforcés de réfléchir au nouveau monde à créer, mais aussi aux risques inhérents au projet.

D'un côté, la solution à l'urgence climatique saute aux yeux : il faut cesser de saturer l'atmosphère de gaz à effet de serre.

Mais pour atteindre ce grand objectif, nous devons trouver d'innombrables petites solutions. Les gaz à effet de serre sont directement dus à tous les gestes que l'homme effectue pour survivre, comme trouver à manger et se déplacer. Notre façon de faire et d'être est devenue si indissolublement liée à l'empoisonnement de la planète qu'il n'est plus question de se contenter d'appuyer sur un bouton pour cesser d'émettre du CO_2[1]. Imaginez les conséquences si on coupait brutalement la manne des énergies fossiles : en privant les gens de ce à quoi ils sont habitués, il y aurait une révolution planétaire en quelques semaines, pour ne pas dire quelques jours.

D'un autre côté, si les États ne font pas ce qu'il faut et continuent à compromettre la vie des jeunes et de leurs futurs enfants, une insurrection est tout aussi probable et peut-être même déjà en cours[2].

Ce changement doit advenir au rythme exigé par la science et de manière que les démocraties l'acceptent – sans quoi nous tomberons dans la tyrannie ou l'anarchie. Cet aspect est crucial. Dans les décennies à venir, le réchauffement climatique va empirer et provoquer une hausse des migrations forcées, une baisse de la production agricole ainsi qu'une accumulation des phénomènes météorologiques extrêmes. Des dirigeants de plus en plus populistes vont tenter de justifier leurs décisions en prétendant protéger les intérêts à court terme de ceux qu'ils gouvernent, ce qui pourrait entraver les efforts faits pour endiguer les causes premières de la crise climatique et, par conséquent, l'aggraver encore. Même l'observateur le plus détaché de la politique actuelle sait que ce risque n'est pas juste théorique. Il n'y a pas besoin de chercher plus loin que la crise migratoire de 2015-2016. En Syrie, une sécheresse de cinq années – la pire jamais enregistrée – détruit l'agriculture et force les paysans à s'installer en ville, créant des tensions. Conjuguées à l'afflux d'Irakiens fuyant la guerre dans leur pays, ces tensions conduisent à la guerre civile et aux atrocités de Bachar el-Assad. Mais il y a une autre conséquence, et de taille. Des réfugiés, syriens pour la plupart, sont partis pour l'Europe, où beaucoup ont été acceptés par Angela Merkel en Allemagne[3]. À son tour, cet événement a bouleversé la carte électorale du pays, puisque le parti d'extrême droite climatosceptique AFD (Alternative pour l'Allemagne) a fait un bond de géant dans les sondages, passant de 3 à 16 % d'intentions de vote en quelques années et devenant une force politique majeure[4]. Cette nouvelle donne a affaibli Merkel (qui dirigeait de facto l'UE) et, aujourd'hui, les répercussions se font encore sentir en Europe et au-delà.

Si nous devons combattre le populisme *en plus* du réchauffement climatique, il va falloir être infiniment mieux préparés. Les dix actions que nous proposons expliquent comment réduire nos émissions de CO_2 mais aussi comment, en tant que société, nous pouvons faire preuve de davantage de résilience vis-à-vis des extrémismes, qui pourraient anéantir nos efforts et nous tirer dans la mauvaise direction.

Ces dix actions ne concernent pas que les énergies fossiles et les façons de s'en passer, ou la nécessité d'investir dans des solutions technologiques. Elles en appellent également à un système économique plus juste qui cesse de s'en prendre au social, de plomber ce filet de sécurité essentiel. Elles en appellent à un engagement politique fort pour chacun de nous, mais aussi à renoncer à la nostalgie d'un passé qu'il serait une grave erreur de recréer. Les autres actions paraîtront peut-être éloignées du réchauffement climatique, mais elles sont au contraire une partie fondamentale de notre réponse. On doit sortir du cercle vicieux de la faute et de la punition, et embrasser l'effort collectif dont on a si cruellement besoin. Les inégalités doivent cesser d'augmenter, ou nos démocraties finiront par refuser tout changement. On doit cerner le problème en entier et en même temps.

Ce que nous vous demandons n'est pas rien. Il ne s'agit pas d'apporter des corrections mineures à votre mode de vie, même si c'est important. Il s'agit de revoir complètement vos priorités, en développant les qualités déjà évoquées et en s'en servant comme tremplin pour créer un nouveau monde, dans lequel on pourra *tous* réussir.

Personne n'a le contrôle total sur l'avenir qui sera le nôtre un jour. En revanche, nous pouvons tous nous engager activement dans ces actions, donner un cap à la transformation et œuvrer à la régénération.

Qu'on le veuille ou non, chacun de nous contribue à tisser la grande tapisserie de l'histoire. Lorsqu'on pense aux gens ayant vécu à une époque charnière du passé, on se dit rarement qu'à leur place on aurait été des faibles courbant l'échine et ne changeant surtout rien ; on se voit plutôt, et c'est bien naturel, comme des héros faisant de nobles choix. Eh bien, l'occasion est venue de le prouver. Chacune des dix actions peut être accomplie personnellement par VOUS, même s'il s'agit simplement d'inciter votre entourage à prendre la crise climatique au sérieux. Notre espoir est que lorsque vous refermerez ce livre, vous aurez compris que vous pouvez faire une différence considérable.

On n'a tout simplement plus le temps de se complaire dans un sentiment d'impuissance. On n'a tout simplement plus le temps de croire que la lutte contre le réchauffement climatique est le devoir soit des seules instances nationales et locales, soit des seuls individus et entreprises. Cette mission nous concerne tous, où que l'on vive, et nous devons en assumer la responsabilité personnelle et collective. Nous avons tous plusieurs rôles dans la vie – peut-être avez-vous celui de parent, conjoint, ami, actif, croyant, athée ; peut-être avez-vous beaucoup de moyens, ou très peu ; peut-être siégez-vous au conseil d'administration d'une entreprise ou dirigez-vous une ville, une région, un pays. Qui que vous soyez, on a besoin de vous *maintenant*. Et dans *tous* vos rôles.

Changer d'état d'esprit ne suffit pas. Il faut passer à l'action dès que possible. Concentrez-vous au départ sur une ou deux des dix mesures proposées – choisissez celles qui ont le plus de sens pour vous, puis mettez-vous au défi d'entreprendre les autres. Sachez que cette partie ne sert qu'à vous montrer la voie. Nous avons mis en lumière ce qui nous semblait crucial, mais il existe une myriade de choses que chacun peut faire pour tout changer*. Si vous refermez ce livre avec la ferme intention de prendre part à cette aventure, vous devrez aller plus loin.

Vous connaissez déjà la fin de notre histoire d'alerte à la bombe. Il fallait agir, quoi qu'il en coûte. Le seul moyen de protéger réellement nos enfants était de continuer à travailler courageusement pour la protection de toute l'humanité et de notre planète. La station de RER est restée ouverte. La COP21 s'est poursuivie. Cette décision

---

* Nous recommandons vivement le Projet Drawdown, initié par l'écologiste américain Paul Hawken (voir *Drawdown. Comment inverser le cours du réchauffement planétaire*, Actes Sud, 2018), comme ressource supplémentaire : vous y trouverez cent solutions pour lutter contre le réchauffement climatique.

n'était pas sans risque, mais on ne la regrette pas. Avec un peu de chance, dans dix ans, nous pourrons en dire autant de notre effort collectif.

Le temps de faire ce qu'on peut est révolu. Chacun de nous doit faire le nécessaire maintenant.

Action 1 – Dire adieu au vieux monde

Pour combattre l'urgence climatique et sauver nos biens les plus précieux, pour préserver la démocratie, la justice sociale, les droits de l'homme et d'autres libertés gagnées de haute lutte, il faut nous défaire de tout ce qui menace de les anéantir. Il est temps de transformer profondément notre manière de vivre, de travailler, et nos rapports aux autres. Cela passe par une série de démarches volontaires.

La première de ces démarches est d'honorer le passé, puis de lui dire adieu.

Prenons l'exemple des énergies fossiles, qui ont contribué de façon spectaculaire au développement de l'humanité. C'est indéniable, et pourtant il n'est plus concevable de continuer à les utiliser au vu des inimaginables dégâts qu'elles causent à la santé, aux écosystèmes, à l'air, au climat. Les alternatives renouvelables sont plus sûres. Donc, il est temps de dire merci aux énergies fossiles, de les retirer de la circulation et de tourner la page.

Il en va de même pour tant de changements à entreprendre dès maintenant. Les composants de notre société dont on sait aujourd'hui qu'ils sont néfastes – l'énergie, les transports, l'agriculture – doivent subir des transformations radicales.

Nous avons tous du mal avec le changement. On a tendance à se raccrocher à ce qu'on connaît et à résister à la nouveauté – même quand celle-ci apporte de formidables bienfaits. L'opposition à l'éolien terrestre au Royaume-Uni en est un bon exemple. Bien que ce soit aujourd'hui la source d'énergie la moins chère[1] (moins que le charbon, le pétrole, le gaz et toutes les énergies renouvelables), l'éolien terrestre a longtemps pâti de la résistance orchestrée par des propriétaires désireux de préserver la beauté du paysage. À son arrivée au pouvoir en 2015, le Parti conservateur (qui a beaucoup d'électeurs en zone rurale) a logiquement coupé les subventions et modifié les lois d'aménagement du territoire, entraînant une chute de 80 % de la production d'éolien terrestre[2]. Aujourd'hui seulement, grâce à une prise de conscience accélérée de la crise climatique dans la société britannique, le soutien à l'éolien terrestre commence à l'emporter sur l'esthétique.

N'oubliez pas que certaines personnes et industries s'opposent activement au changement nécessaire pour créer un monde à + 1,5 °C au maximum. Ils sèment la peur et le doute, organisent la division, nous entraînent dans une chasse aux coupables qui n'est pas constructive, et c'est à tout cela que nous ferions bien de résister.

Le changement rend vulnérable au clanisme et à l'illusion des certitudes. En amorçant la transition vers un monde régénérateur, l'un des plus grands dangers est que les partis modérés ne tiennent pas et que les électeurs cèdent aux promesses faciles des dirigeants populistes aux deux extrêmes de l'échiquier politique. L'histoire et certains signes avant-coureurs indiquent que cela pourrait bien être notre nouvelle réalité, avec le risque concret de voir la démocratie céder devant la tyrannie. D'un côté, il est impensable de revenir au mode de vie qui a causé la crise climatique ; de l'autre, faire un saut dans l'inconnu est toujours délicat en politique. L'onde de choc qui se ressent actuellement aux quatre coins du globe n'est que le début.

Le changement pousse aussi à rejeter la faute sur autrui. Certains prétendent être du bon côté du débat mais parlent essentiellement en termes d'exclusion et de faute. Dans le domaine climatique, c'est même devenu une tendance de fond. Le plus souvent, on rejette la faute sur le monde développé, l'industrie du pétrole, le capitalisme, une poignée de pays, les générations précédentes. L'indignation est compréhensible – surtout maintenant qu'on sait sans l'ombre d'un doute que certaines grandes entreprises ont caché la vérité sur le dérèglement climatique durant des décennies pour continuer à s'enrichir[3]. Ces cas-là méritent un procès en bonne et due forme, et c'est tout ce qu'on leur souhaite.

Mais rejeter la faute sur autrui ne sert à rien. Cela crée un sentiment de réparation alors que justice n'est pas faite, pas réellement. Cela peut nous consumer et nous faire perdre des années d'actions constructives. L'histoire montre clairement que lorsque les hommes commencent à se pointer du doigt, ils ont du mal à s'arrêter. Au lendemain de la Première Guerre mondiale, les Alliés ont humilié l'Allemagne en la tenant pour unique responsable du conflit et en lui imposant des réparations exorbitantes. Les historiens s'accordent tous à dire que cette condamnation unanime a ouvert la voie au fascisme et, vingt ans plus tard, à l'horreur de la Seconde Guerre mondiale[4].

Voici ce qu'on peut faire pour dire adieu au vieux monde tout en refrénant ses pires pulsions :

Se concentrer sur où on va, non d'où on vient

Cultivez une vision positive de l'avenir, et conservez-la quoi qu'il arrive. Si vous voyez où vous allez, vous aurez moins peur de perdre le contrôle sur le passé.

Être résilient face à la nostalgie

Reconnaissez le caractère impermanent du monde, comprenez-le et pratiquez activement le non-attachement. Nous pouvons tous succomber à l'envie de recréer le passé. Mais l'histoire nous enseigne qu'en période de transition profonde, la nostalgie peut se retourner contre nous. Elle peut nous distraire de notre tâche urgente et des hommes politiques n'hésiteront pas à manipuler nos émotions pour obtenir notre voix et agir immoralement.

Sortir de sa bulle

Nous ne pourrons pas réussir à transformer notre société sans accepter pleinement les valeurs profondément enracinées et les inquiétudes légitimes des uns et des autres. Certaines catégories sociales ont peut-être de bonnes raisons de continuer à résister au changement – échouer à le comprendre ne fera que nous retarder.

En 2018, le président français Emmanuel Macron a tenté de réduire les émissions de CO_2 et la pollution de l'air en augmentant le prix des carburants. Le problème est qu'il n'a pas convaincu tout le monde – les moins favorisés ne pouvaient tolérer une taxe de plus sur un produit dont ils dépendaient pour aller travailler. Résultat : un déferlement de violence, qui a pris de court le gouvernement. Et les Gilets jaunes ont forcé de façon spectaculaire le président à enterrer son projet.

Pourquoi ces incompréhensions naissent-elles ? En partie parce que nous sommes de plus en plus divisés par les médias que nous consommons. Nous avons tendance à lire des articles qui reflètent ou confortent nos opinions, renforçant ce que nous voulons entendre et croyons déjà. Les algorithmes d'Internet et des réseaux sociaux accélèrent encore ce processus[5]. Cela signifie que souvent nous n'avons aucune idée de ce que pensent les autres. Passez du temps loin d'Internet et apprenez à connaître vos voisins, que ce soit dans le métro ou au supermarché. Combattre et prendre garde aux fake news et à vos préjugés, mais également à la désinformation. Partagez vos espoirs et vos peurs *en personne*, écoutez, montrez-vous honnête et respectueux.

En 1990, après vingt-sept années passées en prison, Nelson Mandela apprit que le président sud-africain Frederik de Klerk lui rendait sa liberté. Le lendemain, il entrait dans l'histoire. Pour quitter la prison Victor-Verster, il devait traverser une cour, au-delà de laquelle il redeviendrait un homme libre. Ainsi qu'il l'a raconté dans un livre, il savait que s'il ne pardonnait pas à ceux qui l'avaient enfermé avant d'atteindre le mur d'enceinte, il ne le ferait jamais. Alors, il a pardonné. Cela ne signifie pas pour autant qu'il oubliait. Par la suite, il a créé la Commission de la vérité et de la réconciliation, qui a considérablement aidé l'Afrique du Sud post-apartheid à dire adieu à son passé. C'était le moyen pour quiconque avait été victime de violences d'être entendu dans un cadre officiel. Encore mieux, quiconque avait perpétré des violences pouvait aussi témoigner et demander l'amnistie. En réussissant cet exploit, Mandela a grandement facilité la transition de son pays vers un État démocratique. Le passé a été abandonné, et l'avenir a enfin eu la place d'émerger.

À notre tour de nous défaire de ce passé dominé par les énergies fossiles sans protester. Ce lâcher-prise est capital. Et il doit être volontaire. Plus nous œuvrerons à nous détacher du vieux monde pour aller vers l'avenir en confiance, plus nous serons forts pour la tâche qui nous attend.

Action 2 – Assumer sa souffrance tout en gardant une vision claire du monde de demain

Les hivers, les printemps, les étés et les automnes, les saisons humides et sèches qui rythment notre vie ne seront plus là pour nos enfants et nos petits-enfants. Les plus de cinquante ans voient bien que les conditions climatiques de leur enfance se transforment, et que ce mouvement va vite. Les glaciers fondent, les lacs s'assèchent, et nos océans étouffent sous le plastique[1]. De vieux ossements, des maladies très anciennes émergent du pergélisol[2]. Le climat et les paysages se modifient à vue d'œil, nos points de repère habituels disparaissent, ce qui rend de plus en plus difficile de prévoir comment la nature va se comporter. Nous n'y comprenons plus rien.

Impossible de ne pas être affecté par la perte de la biodiversité et la détérioration des conditions de vie qu'elle entraînera pour les générations futures. Nous devons ressentir cette nouvelle réalité dans notre chair. Se porter témoin en conscience, et sans détourner les yeux, rend plus fort, et paradoxalement vous vous sentirez peut-être mieux lorsque vous aurez accepté pleinement cette réalité. Au-delà de cette position, il sera également primordial de penser à l'avenir que nous pouvons encore créer. Les changements qui nous attendent seront encore plus déstabilisants que ceux que nous avons connus, et nous devons garder le but à atteindre en vue, sous peine de perdre pied. Notre responsabilité est immense, il nous faut donc aborder cet avenir incertain avec la plus grande détermination. Mais nous n'aurons ce courage que si nous comprenons la nécessité de nous engager en mobilisant toute notre énergie.

Voilà bien des années que tous les pays du monde tentent de trouver ensemble des solutions pour lutter contre le réchauffement climatique. C'est bien, mais la question est devenue si vaste qu'une confusion s'est faite au fil du temps entre ce travail lui-même et le but recherché. On s'est mis à croire que la visée ultime était la conclusion d'un accord mondial. On voit bien que malgré son importance, cet accord mondial n'est en fait qu'un objectif au service d'un idéal, et que cet idéal était, et est toujours, de faire advenir un monde régénérateur où les êtres humains vivront en harmonie avec la nature.

On confond trop facilement vision finale et objectifs, lesquels sont des cibles spécifiques destinées à atteindre un résultat donné. Ils sont inséparables des stratégies à long et à court terme nécessaires pour les mettre en œuvre. Définir nos objectifs est essentiel, mais il nous faut aussi une vision d'avenir qui nous tienne et nous insuffle assez d'énergie pour poursuivre notre engagement dans les années difficiles qui nous attendent. Sans vision, les objectifs seuls risquent de devenir des carcans qui nous empêcheront d'atteindre notre idéal.

Si nous perdons de vue notre vision d'ensemble et ne nous attachons qu'aux moyens d'arriver à nos fins, au mieux nous ferons du sur-place et, au pire, nos dissensions s'envenimeront.

Mais pour les impatients, se concentrer sur une vision peut sembler irresponsable et déconnecté de la réalité. Les problèmes immédiats nous submergent : des phénomènes naturels de plus en plus violents ravagent des régions entières ; un fossé infranchissable se creuse entre les riches et les pauvres ; les multinationales insatiables enrichissent leurs actionnaires sans volonté de créer de valeur économique sur le long terme ; les dirigeants politiques n'hésitent pas à accentuer les divisions entre les nations (et même au sein de leur propre pays). Dans ce contexte, un appel à dessiner une vision d'avenir peut paraître naïf. Souvent, la distance semble trop grande entre la formulation d'une utopie et la mise en place d'actions concertées susceptibles de la réaliser.

L'essentiel, c'est la vision, mais nous devons garder l'esprit ouvert sur les moyens à adopter. Alors ne perdons pas de vue notre monde idéal, tout en sachant rester flexibles sur les façons d'atteindre notre but. Même si nous devons nous adapter aux circonstances en prenant des chemins de traverse, notre vision sera notre étoile du Berger, à la fois notre guide et notre destination.

Commencer par savoir pourquoi on se bat

Peu importe que notre vision nous semble irréaliste, ou que la lutte soit difficile : cela ne doit en aucun cas nous empêcher de continuer à avancer.

Devant les différents scénarios d'avenirs possibles présentés au début de ce livre, vous aurez peut-être conclu qu'il est trop tard pour rétablir la situation, que le naufrage est inévitable, que nous allons tout perdre, et que l'idéal d'un monde sain et prospère est trop difficile à réaliser. Cette conclusion n'est pas irrationnelle. L'erreur serait de croire que ces craintes nous donnent moins de raisons de travailler à la construction d'un monde meilleur. Il nous faut cultiver notre optimisme, qu'il soit inébranlable, y travailler tous les jours et ne surtout pas oublier ce qui nous pousse à vouloir un autre monde. Nous devons savoir pourquoi nous nous battons, c'est essentiel.

L'imagination au pouvoir

Les principes et les coutumes de notre monde peuvent sembler trop profondément ancrés pour bouger, mais rien n'est permanent et on peut changer les choses plus facilement qu'on ne le croit. Il a fallu à peine plus d'une dizaine d'années à Emmeline Pankhurst et au mouvement des suffragettes pour contraindre le gouvernement britannique à accorder le droit de vote aux femmes[3]. L'Union soviétique semblait indestructible, mais une fois les premières fissures apparues, l'édifice s'est effondré en seulement quelques mois[4].

En 1939, General Motors présentait aux visiteurs de l'Exposition universelle de New York une image nouvelle de l'avenir. Futurama était une gigantesque maquette qui montrait des centres urbains regroupant des gratte-ciel entourés de vastes zones de banlieues desservies par un réseau d'autoroutes géant, qui rendait la voiture indispensable pour se déplacer[5].

Il faudra beaucoup d'imagination pour faire en sorte que cet étalement urbain devienne compatible avec notre futur mode de vie. N'oublions pas que certains futurologues ont prédit qu'en l'espace d'une décennie à peine, l'avènement des voitures autonomes électriques, partagées et à la carte, allait diminuer d'au moins 80 % la circulation routière[6]. Ainsi, d'immenses surfaces actuellement réservées au stationnement pourraient être libérées dans les villes.

À Londres, pour prendre cet exemple, 70 % de l'espace utilisé pour le stationnement, soit l'équivalent de 5 000 terrains de sport, pourrait à terme devenir disponible pour des cultures destinées à la consommation, ou bien être rendu à l'état sauvage, ou encore servir à la construction d'un habitat durable[7].

Bien des aspects de notre vie qui nous semblent immuables peuvent se modifier plus facilement qu'on ne le croit. Cet appel à l'imagination peut sembler naïf, mais on ne doit pas se priver de voir grand. Par le passé, lorsque les circonstances l'exigeaient, des sociétés ont bien souvent entrepris des transformations qui pouvaient sembler au départ relever du pur fantasme.

Penser surtout à l'avenir

Nous aurons par moments l'impression de n'arriver à rien. L'échec n'est pas à exclure, et quels que soient nos progrès, nous ne pourrons empêcher notre environnement et notre société de se dégrader. C'est terrible à dire, mais il faut savoir que des gens vont mourir à cause du dérèglement climatique. Des terres vont devenir inhabitables et des espèces vont encore disparaître. Un constat dramatique, et qu'il ne faut pas se cacher. Nous ne pouvons pas nous épargner ce grand malheur, et nous devons laisser la place aux larmes et au deuil de notre ancien monde, c'est très important. Mais plutôt que de nous laisser anéantir par le désespoir, réagissons en poursuivant notre lutte avec une énergie décuplée.

Comme Maya Angelou l'a très bien exprimé : « On peut subir de nombreuses défaites, mais on ne doit jamais s'avouer vaincu. Les défaites ont d'ailleurs peut-être leur utilité : elles nous apprennent à mieux nous connaître, à savoir que nous sommes capables de tout surmonter, et que l'on peut toujours se relever[8]. »

Une vision forte est comme la ligne d'un pêcheur lancée vers l'avenir. Elle nous permet d'attraper les diverses possibilités qui se présentent et de les ramener dans le présent. Il faut tenir bon. Garder nos pensées fermement accrochées à la vision d'un monde que nous savons possible. C'est un acte de résistance, une façon de se dresser contre l'idée qu'il n'y a pas de solution possible.

Le jour d'août 1963 où Martin Luther King a prononcé son discours depuis la tribune du Lincoln Memorial, la discrimination raciale aux États-Unis était loin d'être enterrée. Il faut se souvenir qu'à peine quelques mois plus tôt le gouverneur de l'Alabama, George Wallace, déclarait devant le capitole de cet État : « Ségrégation maintenant, ségrégation demain, ségrégation toujours. » En vertu de quoi, la police lâcha ses chiens contre les manifestants et se servit de canons à eau contre des enfants d'à peine six ans. Beaucoup de défenseurs des droits civils estimaient la campagne pour l'égalité trop précoce et le combat impossible. Dans ce contexte, le « Je fais un rêve » de Martin Luther King a allumé une lumière dans les ténèbres. Peu importait quand et comment la mutation aurait lieu, seul comptait son idéal d'une société où tous seraient égaux quelle que soit la couleur de leur peau. Au bout du compte, sa persévérance mena à l'adoption de l'American Civil Rights Act, ses paroles continuèrent à inspirer les mouvements pour l'égalité des droits dans le monde entier même après sa mort, et ses principes placèrent la non-violence au cœur des mouvements de contestation avec l'efficacité que l'on sait[9].

Un monde qui sait donner leur place à l'imagination et à des idéaux de vie est un monde infiniment plus dynamique, riche et heureux. En ces temps complexes, nous déplorons souvent le manque de grandes personnalités capables de nous inspirer et de nous montrer la voie. Il nous faut bien sûr des figures de proue, mais c'est à nous tous de porter notre vision. Nous devons garder en nous la certitude que le monde mérite d'être sauvé et qu'un avenir régénérateur est possible. On ne résoudra pas le problème en attendant que nos systèmes démocratiques mettent à leur tête des dirigeants éclairés. Ce n'est pas une impossibilité, mais la survie de l'espèce ne doit en aucun cas dépendre de programmes politiques choisis par un électorat fortement divisé. Nous ne gagnerons la bataille qu'en étant tous des visionnaires qui croient fermement en un avenir meilleur.

Action 3 – Défendre la vérité

Il y a trois siècles, Jonathan Swift écrivait : « Le mensonge s'envole dans les airs, la vérité traîne la patte loin derrière[1]. » Une maxime prophétique. Une récente étude du MIT (Massachusetts Institute of Technology) montre que les mensonges se propagent en moyenne six fois plus vite sur Twitter, et que la vérité n'atteint jamais le même taux de pénétration[2]. Les réseaux sociaux sont l'instrument idéal pour la production et la propagation de fausses informations.

Les conséquences sont graves pour notre société et nous empêchent en particulier de nous unir pour faire face à des crises longues et complexes comme le réchauffement climatique. À notre époque, parfois nommée « ère de la post-vérité », la négation de la science fait florès.

Or aujourd'hui, la méthode scientifique n'a plus seule droit de cité. L'objectivité est en danger. On voit émerger dans certains milieux politiques la volonté de se dispenser de la réalité objective. Le phénomène des réseaux sociaux permet d'obscurcir encore plus facilement la vérité. Or la subjectivité fait le lit de l'oppression et de la tyrannie. Nous devons reconnaître de toute urgence la gravité de cette guerre menée contre la rationalité et la faire cesser, car si ces attaques se poursuivent et triomphent, l'étroite fenêtre de tir qui peut encore nous permettre de redresser la crise climatique se refermera à jamais.

On ne peut bien sûr pas soutenir que nos dirigeants aient dit la vérité par le passé, mais aujourd'hui, ce sont des mensonges d'une tout autre espèce qui envahissent la scène publique.

La nature humaine est très vulnérable au mensonge. Nous avons toujours tendance à chercher la confirmation de nos opinions dans ce que nous entendons plutôt que de les réévaluer au vu de preuves matérielles[3]. Nous aimons entendre répéter ce que nous pensons, et nous nous sentons mieux disposés envers toute personne qui flatte nos croyances. Ainsi, si un politique confirme notre idée que les vaccins causent l'autisme, ou que le réchauffement climatique est un canular, ou toute autre supposition que nous tenons pour vraie, nous nous sentons tout de suite mieux. Ce phénomène bien connu et très étudié est appelé « biais de confirmation d'hypothèse[4] ».

Ce ne sont pas les catastrophes qui vont manquer avec le dérèglement climatique. Villes inondées, îles englouties, grands flux migratoires. Tous ces événements, à leur phase la plus critique, donneront aux leaders autoritaires de bons prétextes pour consolider leur pouvoir. Les événements exceptionnels de ce genre sont des moments d'extrême vulnérabilité. Les dirigeants autoritaires populistes ne chercheront pas à résoudre les complexités de la crise climatique par des solutions à long terme : ils désigneront des coupables. Nous ne devons pas leur permettre de profiter des désastres qui vont nous accabler pour aggraver la tragédie au détriment de tous.

Il n'est pas si difficile de défendre la vérité. Voilà ce que nous pouvons faire :

Développer son esprit critique

En fin de compte, nous sommes seuls responsables de ce que nous choisissons de croire dans ce monde où les « faits alternatifs » sont rois. Ne vous y trompez pas, ce problème est bien au cœur de la crise climatique. Si nous n'arrivons pas à nous entendre sur ce qu'est un fait avéré, c'est-à-dire sur la base, nous aurons peu de chances de nous mettre d'accord quand il s'agira de faire face aux grands problèmes de ce monde, et encore moins à la crise climatique qui est d'une complexité extraordinaire !

La gravité du dérèglement climatique suscite enfin une sincère colère et pousse les citoyens à descendre dans la rue. Nos systèmes démocratiques ne pourront pas rester longtemps sourds à nos protestations. Ils céderont, mais à la seule condition que nous parvenions à maintenir l'exigence de la vérité objective dans le discours public. Si nous voulons y arriver, il nous faudra entreprendre une profonde réflexion sur ce que nous sommes prêts à entendre, accepter de ne pas nous entourer uniquement des informations qui nous font plaisir et d'écouter aussi celles qui nous dérangent. Par exemple, si vous avez choisi de lire ce livre, c'est peut-être simplement pour obtenir confirmation des idées que vous avez déjà. Analysez vos réactions, et dépistez votre propension à croire les dirigeants politiques avec lesquels vous êtes a priori d'accord et à ne pas écouter ceux qui disent des choses qui vous déplaisent. Faites-vous un peu violence pour explorer des façons de penser auxquelles vous n'êtes pas habitué. C'est un acte fort d'accepter de jouer avec les idées en dehors des schémas établis, et c'est une nécessité pour la préservation de notre liberté collective. Que cela devienne votre sport favori.

Apprendre à distinguer
la vraie science de la pseudoscience

En 2017, le Heartland Institute, un groupe de réflexion conservateur financé en partie par la Mercer Family Foundation, a envoyé à 300 000 enseignants américains un beau livre traitant des sciences du climat. L'ouvrage, destiné à l'origine aux décideurs et publié en 2015 pour coïncider avec les négociations de Paris, s'intitulait *Pourquoi les scientifiques ne se mettent pas d'accord sur le réchauffement de la planète*. Le texte commence par cette affirmation : « L'opinion la plus souvent répétée dans le débat sur le réchauffement climatique est probablement que "97 % des scientifiques s'entendent pour dire" que le changement climatique est causé par l'action humaine, et dangereux. Une affirmation non seulement fausse, mais qui n'a rien à faire dans le débat scientifique et est totalement illégitime. » Ce livre, rédigé par « d'éminents climatologues » comme il était précisé, était accompagné d'une lettre invitant les professeurs à l'utiliser ainsi que le DVD joint pour préparer leurs cours. Le Heartland Institute, un organisme dont l'objectif est de réfuter les résultats des sciences du climat reconnues, y avance l'opinion que les gens devraient « s'informer auprès d'organisations non gouvernementales indépendantes et de scientifiques n'ayant pas de conflits d'intérêts financiers et politiques » plutôt que de compter sur le Groupe intergouvernemental sur l'évolution du climat (GIEC) des Nations unies pour obtenir des avis scientifiques.

Il n'était pas facile pour les destinataires de ce livre de déterminer s'il s'agissait de véritables études scientifiques ou d'informations sorties d'un chapeau, et si les auteurs étaient vraiment d'éminents climatologues. En fait, l'un des auteurs est l'ancien directeur des sciences de l'environnement chez Peabody Energy (une entreprise charbonnière qui a fait faillite). Il est titulaire d'une maîtrise et d'un doctorat en géographie, et non en climatologie. L'un de ses titres est d'être l'un des principaux auteurs des rapports d'un groupe d'experts international non gouvernemental sur l'évolution du climat, le NIPCC. Notez au passage la similitude frappante et trompeuse de ce nom avec l'IPCC – le GIEC – qui est, lui, soutenu par l'ONU. Le NIPCC est en fait un projet soutenu par ce même Heartland Institute. À la réception du livre, nombreux sont les enseignants qui ont repéré qu'il s'agissait de propagande non scientifique, mais pour ceux qui n'ont pas vu la supercherie et qui l'ont utilisé dans leurs classes, l'effet sur les élèves n'a pu qu'être désastreux.

La leçon est bonne : nous devons aborder les documents avec prudence, même quand ils ont l'air « officiel », qu'ils sont beaux et bien faits, et rédigés par de vrais scientifiques. On doit toujours faire l'effort supplémentaire de départager le vrai du faux avant d'adopter une position. Il faut chercher d'où viennent les informations qu'on nous donne. Si besoin, la source du financement nous mettra sur la piste. Demandez-vous qui tient les cordons de la bourse. Vérifiez si l'étude est rattachée à une université connue ou à un centre de recherche sérieux. Un bon critère pour juger de la source d'une information est de voir si la recherche a été « évaluée par des pairs », c'est-à-dire si elle a été soumise à d'autres experts du domaine. Le rapport du GIEC sur les conséquences d'un réchauffement à 1,5 °C publié en octobre 2018, par exemple, est le fruit d'une collaboration entre 91 auteurs et rédacteurs de revues venant d'une quarantaine de pays. La plupart des journaux généralistes obéissent à une politique éditoriale saine et s'assurent que leurs sources ont fait soit l'objet d'une évaluation par des pairs, soit correspondent à d'autres critères de fiabilité similaires, mais cela vaut toujours la peine de vérifier.

Ne pas se fâcher avec les climatosceptiques

Dans cette ère de la post-vérité, il est difficile de naviguer entre le désir de lucidité et celui de croire ce que l'on nous dit. Certains peuvent avoir une petite préférence pour un point de vue mais être animés par un profond désir de vérité ou, à l'autre extrême, adhérer totalement à une opinion en contradiction absolue avec les faits. Dans ce cas, il n'y a guère de place pour l'argumentation. Nous avons tous connu des discussions de ce genre, parfois même dans notre famille. Rappelez-vous qu'il sera souvent inutile de leur présenter les faits pour les faire changer d'avis, alors ne perdez pas de temps à les abreuver de statistiques et d'articles. La seule façon de communiquer, ce sera d'abord de les écouter sincèrement, et de faire l'effort de comprendre leurs préoccupations. En traitant les autres avec bienveillance et en prenant en compte leur ressenti, il devrait être possible d'éviter de nous déchirer les uns les autres.

Pour ceux qui sont devenus adultes entre la chute du mur de Berlin et celle des tours jumelles, le monde d'aujourd'hui peut paraître bien étrange. À cette époque, le consensus était général, la voie à suivre pour l'humanité toute tracée. Certains d'entre nous regrettent peut-être ce passé plus simple, et cette nostalgie nous rend d'autant plus vulnérables aux promesses de dirigeants qui préfèrent nous tirer en arrière plutôt que de se tourner avec nous vers l'avenir.

Le monde qui nous attend sera différent. Nous allons vivre des temps complexes, et il ne faut pas espérer jeter les réseaux sociaux aux oubliettes. L'humanité doit accepter de regarder la situation en face et de vivre dans le réel, sans quoi elle sera engloutie par la créature monstrueuse qu'elle a créée. Si nous voulons parvenir à nous rassembler pour gérer la crise et stopper la dramatique extinction des espèces, il nous faut en tout premier lieu défendre l'incontestable réalité du dérèglement climatique et de ses conséquences.

Nous devons tous apprendre à choisir les informations que nous croyons et à les défendre contre ceux qui les attaquent. Nous triompherons des difficultés grâce à une lecture critique des données qui sous-tendent nos idées et nos actions. Nous triompherons des mensonges en les dénonçant haut et fort, en particulier ceux qui risquent d'influencer notre façon d'aborder le dérèglement climatique. Une fois l'habitude prise de démêler le vrai du faux, nous nous y retrouverons plus facilement dans la cacophonie de la désinformation et des sollicitations quotidiennes qui détournent notre attention de l'essentiel. Dès que nous accepterons de vivre dans le réel et de défendre une approche critique de la société, notre vision d'un avenir régénérateur et la voie à suivre deviendront soudain beaucoup plus claires.

Action 4 – Vivre en citoyen plutôt qu'en consommateur

Il existe en Inde du Sud un piège à singe ingénieux mais cruel. Le dispositif se compose d'une noix de coco vide fixée au sol au bout d'un piquet. À l'intérieur de la noix de coco, on place une boulette de riz gluant. Un singe peut facilement glisser la main à l'intérieur du trou pour saisir le riz dont il a humé la présence. Mais le trou n'est pas assez grand pour que le poing refermé sur la boulette puisse ressortir. L'instinct du singe est de garder le riz serré dans son poing, ce qui fait qu'il est piégé par son instinct et non par une raison matérielle : si le singe lâchait le riz, il serait libre.

Nous agissons de la même manière avec nos habitudes de consommation (acheter, consommer, jeter) : nous savons que ces habitudes nous piègent, mais elles sont si bien ancrées en nous – au point d'être devenues presque instinctives – que nous n'arrivons pas à lâcher prise.

Nos achats nous servent en grande partie à renforcer l'expression de notre identité. On choisit ce qu'on achète, que ce soit les vêtements, le savon, les biscuits, les téléviseurs et les voitures, en fonction de critères bien précis, pour s'identifier à une tribu donnée répondant à des caractéristiques soigneusement définies par ceux qui vendent ces produits. Identité et consommation ne cessent de se confondre.

Au Royaume-Uni, par exemple, la consommation de vêtements par an et par personne est en moyenne de 30 kg, ce qui équivaut à environ cinq charges de machines à laver[1]. Ces achats tiennent principalement au fait que les tendances de la mode changent à chaque saison. Tout nous pousse à vider régulièrement nos placards et à repartir acheter des vêtements. La production textile est l'industrie la plus polluante du monde après l'industrie pétrolière. Le textile rejette plus de gaz à effet de serre dans notre atmosphère que tous les vols internationaux et le transport maritime réunis. Les estimations indiquent que l'industrie de la mode est responsable de 10 % des émissions mondiales de CO_2[2], un chiffre en hausse puisque les ventes de ces vêtements bas de gamme sont en constante augmentation.

L'empreinte carbone de la mode est donc extrêmement élevée. Il faut nous faire acheter : c'est l'un des moteurs de la croissance économique. Dans les années 1920, on s'inquiétait en Amérique de l'arrivée d'une nouvelle génération dont tous les besoins seraient satisfaits, et en conséquence de voir ralentir la croissance économique. En 1929, le Comité pour les changements économiques récents du président Herbert Hoover concluait qu'il serait désormais nécessaire de travailler par le biais de la publicité à créer « de nouveaux besoins qui en appelleront encore d'autres, aussi vite qu'ils seront satisfaits[3] ».

Aujourd'hui, le secteur des biens de consommation investit beaucoup d'argent pour nous garder prisonniers du cycle de la consommation. Les budgets marketing et publicitaires sont colossaux. Le prix d'une publicité de trente secondes pendant le Super Bowl aux États-Unis – l'un des événements sportifs les plus suivis à la télévision – a été de plus de 5 millions de dollars en 2019[4]. Amazon, spécialiste de la vente en ligne, a réalisé un record de 10 milliards de dollars en ventes d'espaces publicitaires pour la seule année 2018[5]. Chaque année, 550 milliards de dollars alimentent les budgets publicitaires dans un monde de consommation effrénée[6].

Ce n'est pas tout : des milliards de produits sont intentionnellement conçus pour devenir obsolètes, ce qui alimente la croissance économique puisque nous devons les remplacer. Les plastiques à usage unique sont l'illustration par excellence du mécanisme, mais l'obsolescence (le processus qui fait que les appareils tombent en panne et qu'on les jette) se retrouve dans presque tous les autres biens de consommation. Les garanties vont rarement au-delà de trois ans car c'est la durée de vie prévue, et il risque fort d'y avoir de la casse au bout de cette période. Et souvent, le prix d'achat de l'article neuf est inférieur à celui de la pièce de rechange. Les nouvelles mises à jour logicielles ne s'installent pas sur les ordinateurs anciens, ce qui signifie qu'ils doivent être remplacés. La liste est sans fin et déprimante. En conséquence de quoi, la réparation est un art en voie d'extinction.

Vu la nature de l'économie mondiale, les chaînes d'approvisionnement s'étendent souvent d'un bout de la planète à l'autre. À chaque étape, un sous-traitant différent entre dans le processus avec un savoir-faire particulier, depuis l'extraction des métaux précieux en Bolivie pour fabriquer un smartphone jusqu'à l'emballage du produit fini en Chine. Cette multiplicité des interventions complique la surveillance, et on a beaucoup de mal à déterminer ce qui se passe au sein des chaînes d'approvisionnement des grands groupes et quelles parties du processus pèsent le plus lourd sur le réchauffement climatique.

Voilà ce que nous pouvons faire.

Redéfinir le bien-vivre à notre manière

La société de consommation est censée être le gage d'une vie de confort – en quête perpétuelle de la sacrosainte remise à niveau, que ce soit pour notre téléphone, nos vêtements ou notre voiture. Mais au lieu de répondre à nos besoins, cette consommation hédoniste de l'appartenance au groupe peut provoquer une dépendance, ébranler la confiance en soi, créer une crise identitaire et une perte de sens[7]. S'identifier à un certain type de consommateur – qui achète telle marque –, c'est faire preuve de passivité. C'est adhérer à l'idée que la consommation de tel ou tel produit est nécessaire. La société de consommation nous pousse à croire qu'on peut s'acheter du caractère. Notre espace mental est envahi, notre vision du monde réduite au postulat que notre identité se construit sur la prolifération de biens vite mis au rebut. La recherche en psychologie montre que la consommation ne fait que créer un manque de plus en plus grand que nous essayons éternellement de combler[8]. En cherchant consciemment ou inconsciemment à consolider notre sentiment d'identité par l'achat de produits formatés à notre attention, nous faisons tourner la machine de la consommation de masse de plus en plus vite, et nous courons droit à notre perte.

Malgré le matraquage d'une société qui incite à un consumérisme aveugle, nous pouvons résister. Il s'agit de développer une discipline mentale qui nous permettra de nous soustraire à la tentation d'achats inconsidérés. Nous pouvons changer nos habitudes et voter avec notre portefeuille en choisissant d'acheter des produits durables.

Plus encore, il est temps de reformater nos rapports marchands et de repenser totalement notre rapport à la consommation. Vous verrez comme il est libérateur de se dégager de l'influence de la publicité, et c'est un acte politique fort.

Devenir de meilleurs consommateurs

En attendant de supprimer le principe même de société de consommation, nous pouvons avoir une action à court terme en changeant nos habitudes au sein du système. Tous les achats n'ont pas le même statut. Ce n'est pas la même chose d'acheter des vêtements de qualité en coton biologique qui dureront et pourront être donnés et échangés, que d'accumuler des articles bon marché jetables qui finissent dans les décharges au bout de quelques semaines. Si vous avez les moyens de voter avec votre portefeuille en décidant quel genre de produits vous voulez acheter, faites-le – les effets sont réels. Fournissez-vous auprès d'entreprises qui prônent des valeurs éthiques et responsables et prennent des engagements en matière de durabilité sous des labels certifiant qu'elles respectent leurs engagements. L'impact sera très positif.

Voter avec son portefeuille, c'est bien, mais il est encore plus important d'éliminer les déchets. Il est primordial d'appliquer la fameuse hiérarchie des trois R : réduire, réutiliser, recycler. Lorsque nous achetons, notre choix doit être mûrement réfléchi.

Dématérialiser

Nous sommes passés en peu de temps du vinyle aux cassettes audio puis aux CD, et au téléchargement de la musique et au streaming. Les nouvelles technologies nous permettent souvent de jouir d'un service sans nécessairement acheter d'objet concret. C'est un progrès. Il n'est pas impensable que, dans un avenir proche, il n'y ait plus de propriétaires de voitures individuelles – nous nous servirons de véhicules partagés, probablement autonomes et certainement électriques, qui répondront à nos besoins[9]. Un jour, les consommateurs ne seront plus propriétaires de produits mais clients de sociétés de services. Déjà le plus grand fournisseur mondial d'hébergement de vacances (Airbnb) ne possède aucun bâtiment. Le plus grand fournisseur mondial de transport de personnes

(Uber) ne possède pas de voitures[10]. Ce passage d'une offre de produit à la prestation de services changera fondamentalement notre relation à la consommation. Une mutation que nous pouvons accélérer en accueillant ce monde dématérialisé à bras ouverts.

Cette histoire a déjà été racontée de bien des façons, mais elle a été rendue célèbre par Paulo Coelho. Un pêcheur heureux de son sort prend le soleil sur la plage de son petit village après avoir attrapé quelques gros poissons, quand un homme d'affaires passe, remarque ses prises et lui demande combien de temps il a mis pour pêcher tous ces gros poissons. « Pas très longtemps », répond le pêcheur. L'homme d'affaires lui demande alors pourquoi dans ce cas il ne passe pas plus de temps en mer pour attraper beaucoup plus de poissons. Le pêcheur explique alors que les poissons qu'il attrape lui suffisent pour nourrir sa famille, et que lorsqu'il a fini sa pêche, il peut rentrer chez lui pour jouer avec ses enfants, faire la sieste avec sa femme, et aller rejoindre ses amis le soir pour boire un verre et jouer de la musique.

L'homme propose au pêcheur de lui prêter de l'argent pour se développer. De cette façon, il pourra passer plus de temps en mer dans un plus gros bateau pour pêcher beaucoup plus de poissons qu'il vendra et qui lui feront gagner de l'argent. Rien ne l'empêchera alors d'investir dans d'autres bateaux et de monter une grande entreprise de pêche. Avec le temps, son entreprise pourra être introduite en Bourse et rapporter des millions de dollars. « Et pour quoi faire ? »

demande le pêcheur. L'homme d'affaires réplique fièrement que le pêcheur pourra alors prendre sa retraite, et qu'il aura enfin le temps de passer ses journées comme bon lui semble : attraper quelques poissons le matin, jouer avec ses enfants, faire la sieste avec sa femme et rejoindre ses amis le soir pour boire un verre et jouer de la musique.

On dit souvent que le plus important dans la vie, ça n'est pas les possessions matérielles. Si, comme le pêcheur de Coelho, nous apprenons à comprendre ce qui suffit à notre bonheur, nous arriverons à dépasser l'esprit de consommation et le désir de propriété, et nous saurons éviter en toute conscience les forces qui nous poussent vers ces écueils. On voit bien qu'ainsi notre capacité au bonheur ne peut qu'augmenter et la pression que nous exerçons sur la planète énormément diminuer.

Action 5 – Dépasser le besoin de combustibles fossiles

Il ne faut pas croire que nous ne pourrons jamais nous passer des combustibles fossiles : c'est une vieille idée dont il faut nous débarrasser. Pour opérer la transition vers les énergies renouvelables, nous devons nous défaire de la conviction que les combustibles fossiles sont nécessaires à la croissance de demain. Nous devons arriver à penser autrement et à faire migrer les financements et les infrastructures vers de nouveaux modes de production énergétique.

Les fournisseurs de combustibles fossiles font tout pour ralentir la transition. L'extraction de ces sources d'énergie autrefois si abondantes a donné naissance à une caste de producteurs à la puissance plus tentaculaire que jamais.

Ces grandes compagnies forment aujourd'hui des groupes de pression très influents qui travaillent à vider de leur substance les nouvelles réglementations destinées à nous faire évoluer vers d'autres sources d'énergie[1]. Il y a pourtant des exceptions : certains producteurs s'efforcent de s'attaquer au problème et de transformer leurs entreprises. Il s'agit d'une motivation sincère, nous le savons. Ils se trouvent cependant dans une position difficile : s'ils opèrent la mutation trop radicalement et trop vite, ils déstabiliseront leur modèle économique, et leurs investisseurs le leur feront payer cher. En revanche, s'ils tardent trop à mettre en place la transition, ils risquent de voir la valeur de leur compagnie s'effondrer. Quelques-uns jouent un jeu dangereux : ils attendent le dernier moment pour partir en espérant rester seuls sur le marché, et récupérer la place laissée par ceux qui sont sortis des combustibles fossiles avant eux.

Ainsi, presque tous les gouvernements subventionnent encore les combustibles fossiles. L'industrie le conteste, mais elle reçoit en réalité énormément d'argent public. À l'échelle mondiale, les pouvoirs publics dépensent environ 600 milliards de dollars chaque année pour maintenir les prix des combustibles fossiles artificiellement bas[2]. C'est environ trois fois plus que l'aide financière fournie pour les énergies renouvelables[3]. Les gouvernements peuvent prétendre qu'ils soutiennent les énergies renouvelables, mais tant qu'ils ne cesseront pas de subventionner les combustibles fossiles, nous n'avancerons pas.

Mark Carney, gouverneur de la Banque d'Angleterre, affirme que, à moins d'une transition en douceur de l'économie actuelle fondée sur les combustibles fossiles vers l'économie entièrement décarbonée de l'avenir, une « spirale incontrôlable[4] » risque de se déclencher, ce qu'il nous demande d'éviter à tout prix. Cela signifie que les actifs carbone risquent de perdre brutalement un pourcentage important de leur valeur. Lorsqu'on songe à la part massive que tiennent les combustibles fossiles dans le socle de notre économie, un tel choc serait en effet très grave. Des industries, des entreprises et des pays entiers pourraient faire faillite ou en tout cas perdre beaucoup d'argent si nous retardions la transition au point de provoquer une crise.

Si cela se produisait, nous en paierions tous les conséquences. Les gouvernements comptent sur les recettes fiscales des combustibles fossiles pour financer les services publics. De nombreuses pensions de retraite sont investies directement dans les combustibles fossiles ou dans des entreprises qui en dépendent. La nature même du système monétaire et financier fait que toute baisse importante de la valeur aurait indirectement des répercussions partout. Une chute brutale du cours des énergies carbones serait infiniment plus catastrophique que la crise financière de 2008.

Sachant cela, bien que l'urgence climatique nous oblige à abandonner très vite les énergies fossiles, nous devons suivre un protocole clair et mesuré, et ne pas céder à la panique. Dans cette optique, les dirigeants de huit banques centrales se sont réunis en 2017 pour créer le Réseau pour l'écologisation du système financier (NGFS) et surveiller de près les impacts du dérèglement climatique sur la stabilité monétaire mondiale[5].

Pour comprendre les risques, les investisseurs disposent d'une somme de recherches et d'informations financières de plus en plus importante sur la façon dont les pays et les entreprises sont susceptibles d'évoluer dans un avenir fondamentalement différent. L'agence de notation Moody's (l'une des agences de notation les plus influentes qui évalue les risques courus par différentes entités telles que les entreprises et les pays) a acheté une participation majoritaire dans RiskFirst, une société qui mesure les risques matériels que nous fait courir le dérèglement climatique[6]. Les investisseurs retirent des capitaux de ces placements, devenus des « actifs échoués ». Cette réaffectation fait déjà bouger les marchés et attire l'attention des dirigeants d'entreprises, mais elle doit aller beaucoup plus loin, beaucoup plus vite.

Défendre une énergie 100 % renouvelable

La production d'énergie à partir de sources renouvelables a connu un immense essor ces dernières années. Nous sommes actuellement en voie de répondre à 30 % de la demande d'électricité renouvelable en 2023 et à 50 % d'ici à 2030[7] . Les entreprises prennent les devants. Près de 200 entreprises, dont certaines bien connues telles qu'Apple, IKEA, Bank of America, Danone, Ebay, Google, Mars, Nike, Walmart, sont déjà passées à 100 % d'énergie renouvelable ou sont en passe de le faire[8]. 75 % de la population d'Europe et d'Amérique du Nord est en faveur d'une action gouvernementale énergique pour que l'électricité soit produite à 100 % à partir d'énergie renouvelable[9]. Cette mutation ne pourra avoir lieu que si tous ceux qui sont à des postes de pouvoir dans la sphère politique et institutionnelle reconnaissent la nature systémique de la question. Comme les dirigeants et les représentants doivent suivre les volontés de leurs électeurs, votons pour les candidats qui défendent l'idée d'une énergie propre.

Les responsables politiques sont redevables de leurs actions, et s'ils veulent garder une image d'honnêteté et de probité, ils doivent se montrer plus fermes sur l'avenir qu'ils nous préparent. Nous pouvons agir en récompensant par nos votes ceux qui défendent clairement l'intérêt général.

Il n'y a aucune crainte à avoir : l'énergie solaire et éolienne s'est développée en quelques années à une vitesse et à une échelle que peu d'entre nous croyaient possible. Avec une baisse de 90 % du prix des panneaux solaires au cours des dix dernières années, le coût des sources d'énergie renouvelables concurrence maintenant le charbon un peu partout dans le monde, et va bientôt rejoindre les prix du gaz[10]. De même pour les éoliennes terrestres et offshore. Les solutions de stockage nécessaires pour lisser la production d'énergie d'origine solaire et éolienne évoluent également très vite et deviennent économiquement viables.

Avec la baisse des coûts, des innovations permettant la conception des réseaux énergétiques de l'avenir ont commencé à voir le jour. Un réseau beaucoup plus intelligent et interconnecté sera nécessaire et cette technologie commence déjà à se développer.

Élaborer un plan ambitieux assorti d'un calendrier précis

Nous avons dix ans pour réduire les émissions mondiales de moitié et encore vingt ans pour les ramener à la neutralité carbone. À condition de garder les idées claires et d'agir efficacement, ce délai pourrait suffire*[11]. Nous devons dès à présent concentrer tous nos efforts sur la première phase de réduction de 50 % des émissions nécessaires pour les dix prochaines années. Il s'agit d'un chiffre moyen à l'échelle mondiale, mais les pays qui ont déjà consommé beaucoup plus que leur part devraient supporter une charge plus importante de réduction des émissions. Visons donc 60 %, sachant que nous avons tendance à surestimer ce que nous pouvons accomplir en un an et à sous-estimer ce que nous pouvons accomplir en dix ans.

À quoi pourrait ressembler votre vie dans dix ans si vous brûliez 60 % de combustibles fossiles en moins qu'aujourd'hui ? La plupart de vos émissions actuelles proviennent sans doute de vos trajets en avion, en voiture, du chauffage et de la climatisation de votre maison. Les principaux coupables sont généralement des appareils coûteux difficiles à abandonner, comme les voitures, les chaudières et les climatiseurs. Une fois qu'on a acheté une voiture, on l'utilise, et bien qu'on puisse essayer de s'en

* Les entreprises et les pays doivent être au premier rang, mais nous avons tous notre rôle à jouer en réduisant nos émissions au niveau individuel.

passer de temps en temps, il y a une limite à ce qui est possible. Envisagez de passer à la voiture électrique dans les dix prochaines années. Les progrès réalisés en matière de voitures électriques – efficacité et autonomie accrues, baisse des prix et solutions de financement innovantes – les mettront à la portée de beaucoup plus de gens. Même les modèles de milieu de gamme ont désormais une autonomie de 250 kilomètres avec un maillage de bornes de recharge de plus en plus performant[12]. De plus en plus de gens décident d'acheter une voiture moins polluante, voire de s'en passer tout à fait, une alternative de plus en plus viable.

Il en va de même pour les systèmes de chauffage et de climatisation. Acheter de l'électricité renouvelable par l'intermédiaire du réseau, en produire en complément chez soi, améliorer l'isolation et passer au chauffage électrique peut sembler un gros effort, procédez par étapes. La meilleure façon de commencer est d'effectuer un bilan énergétique de votre logement afin de déceler les fuites d'énergie et les points faibles. Cette étude vous aidera également à établir un échéancier de dépenses à plus long terme. Vous pouvez commencer par réaliser les travaux les moins coûteux et prévoir des investissements échelonnés sur quelques années qui interviendront quand viendra le temps de remplacer le gros matériel comme les chaudières arrivées en fin de vie. Vous économiserez de l'argent avec le temps et réduirez vos émissions.

Si vous vivez dans un pays riche, ce sont vos trajets en avion qui pèsent probablement le plus lourd sur votre empreinte carbone. L'un des grands bonheurs de l'existence est de visiter différentes parties du monde et d'aller à la découverte de cultures et de lieux intéressants. C'est un privilège incroyable pour ceux d'entre nous qui en ont les moyens de monter dans un avion et d'en descendre, dix heures plus tard, à l'autre bout du monde. Si vous aimez partir à l'aventure, si vous devez faire des voyages d'affaires ou aller rendre visite à de la famille à l'étranger, il ne sera pas facile de renoncer à l'avion.

Seulement 6 % de la population mondiale a déjà pris l'avion[13]. Si vous êtes du nombre, vous vous devez de réagir et de dresser un plan d'attaque. Vous pourriez décider de ne plus jamais mettre les pieds dans un avion, et alors encore une fois bravo. En revanche, il est fort possible que vous ne soyez pas en mesure de réaliser cet objectif dès aujourd'hui. Dans ce cas, il est tout de même possible de chercher d'autres moyens d'agir. Vous pourriez par exemple vous engager à ne pas prendre l'avion pendant les vacances, ou pour des trajets inférieurs à 800 kilomètres s'il est possible de prendre le train. Vous pourriez vous engager à réduire votre nombre de vols par an en participant à plus de réunions par vidéoconférence. Il n'y a aucun doute sur la question : nous ne pourrons pas échapper à une réflexion sur le transport aérien si nous voulons arriver à une réduction de 60 % des émissions à l'échéance 2030. Cela ne doit pas nous inquiéter, pas plus que les autres mesures proposées dans ces pages. Un tel bouleversement peut faire peur et donner l'impression qu'on veut nous priver d'activités essentielles à notre bonheur. Et pourtant, c'est tout le contraire. Il est naturel de résister au changement mais il faut se souvenir que, dans notre économie du gaspillage, la surexploitation massive et accélérée des ressources rend peu de gens heureux. Et justement, c'est en nous concentrant sur les changements à apporter à notre façon de vivre pour sauver ce qui compte vraiment que nous trouverons un équilibre, car lutter pour une juste cause, c'est améliorer sa qualité de vie. Tentez l'expérience, et voyez par vous-même.

Action 6 – Replanter des arbres

Dans ce monde de demain que nous devons réinventer, il nous faudra être davantage à l'écoute de la nature. Notre survie dépend des forêts anciennes foisonnantes de vie. L'extraction forcenée des ressources dans un sol qui s'épuise ne peut que nous mener à notre perte. Si nous voulons durer sur cette Terre, la seule solution est de permettre à la nature de se régénérer, autant pour son bien que pour le nôtre, puis de n'en tirer que ce dont nous aurons strictement besoin pour vivre. Il est encore possible d'atteindre cet équilibre à l'échelle mondiale. Nous pouvons être la génération qui y parviendra.

La forêt crée les conditions idéales à sa propre existence. De l'humidité est rejetée dans l'air, ce qui crée des nuages et de la pluie, et irrigue ainsi naturellement toutes les parties de la forêt. Des champignons microscopiques permettent aux nutriments de se répandre et d'être partagés sur des milliers de kilomètres par le vaste réseau souterrain du mycélium qui s'étend entre les arbres et les relie. L'humus s'accumule, créant le riche substrat dans lequel de nouvelles générations d'arbres vont pousser. Cette interaction symbiotique rend toutefois la forêt vulnérable. Si nous supprimons une trop grande partie des arbres qui la composent, ou si nous la fragmentons en parcelles qui ne sont plus reliées entre elles, le système périclite et s'effondre. Nous risquons de perdre les grandes forêts du globe de la façon dont, dit-on, les gens font faillite : d'abord lentement, puis très vite.

Depuis l'aube de l'agriculture, les êtres humains ont abattu environ 3 trillions d'arbres, soit la moitié des arbres de la Terre. Cela signifie donc que la moitié de la planète a déjà été gravement dégradée par rapport à son état initial. Rien qu'en 2018, 12 millions d'hectares de forêt – soit l'équivalent de 30 terrains de football par minute – ont été rasés, dont un tiers de forêt tropicale primaire encore vierge[1]. Si nous continuons sur la même voie, nous aurons détruit en quelques dizaines d'années tout ce qui nous reste de forêts. Même si nous parvenons à éviter ce désastre pour des raisons que nous verrons plus tard, les générations à venir trembleront en songeant à quel point nous avons été proches de tout perdre par notre faute.

La quasi-totalité de la destruction de la forêt tropicale est due à la demande en quatre produits de base : le bœuf, le soja, l'huile de palme et le bois. De ces quatre productions, celle de la viande bovine est responsable de plus du double des coupes effectuées pour les trois autres au total. En Amazonie, la surface de forêt défrichée en vue de fournir des pâturages aux bovins de boucherie correspond à plus de 80 % de la déforestation[2]. En outre, une grande partie du soja cultivé est réservée à l'alimentation des poulets, des porcs et du bétail. Et ce n'est pas tout : ce constat déjà préoccupant va s'aggraver alors que des pays comme le Brésil reviennent sur les politiques antérieures de protection des forêts[3], et que la Chine augmente massivement sa consommation de viande et de produits laitiers[4].

L'agriculture industrielle et l'industrie alimentaire, qui privilégient souvent les aliments rentables par rapport aux aliments nutritifs, sont presque aussi responsables du réchauffement climatique que les combustibles fossiles, surtout quand on songe qu'une grande partie des aliments produits n'est jamais consommée. C'est une question de distribution et de pouvoir d'achat. La nourriture ne parvient pas nécessairement aux gens qui en ont besoin et, dans certains cas, même si les produits leur parvenaient, ils n'auraient pas les moyens de les acheter. Le manque de routes et d'entrepôts dans les pays du Sud signifie que la nourriture pourrit souvent avant d'arriver à ceux qui en ont besoin. Dans les pays du Nord, les aliments qui stagnent dans les réfrigérateurs ou dans les magasins jusqu'à ce qu'ils aient dépassé leur date de péremption, ou qui sont laissés dans l'assiette à la fin d'un repas, puis jetés, sont autant de facteurs qui font augmenter la production alimentaire.

Il est possible d'assurer la sécurité alimentaire pour tous. Au moins deux éminents écologues ont calculé que nous pourrions nourrir correctement les milliards de personnes qui seront bientôt sur terre grâce à la conjugaison de trois mesures : une amélioration sélective de la production agricole, une forte réduction du gaspillage alimentaire et une modification de nos habitudes alimentaires[5] d'ailleurs déjà recommandée par les spécialistes de la santé[6]. Et tout cela, nous pouvons l'accomplir sans détruire un centimètre carré de nature supplémentaire.

Planter des arbres

Les terres disponibles pour planter des arbres sont vastes à travers le monde. Selon une étude, 900 millions d'hectares, soit à peu près la superficie des États-Unis, pourraient être reboisés sans nuire à l'habitation humaine ou à l'agriculture[7]. Une fois arrivées à maturité, ces forêts nouvelles absorberaient et stockeraient 205 milliards de tonnes de carbone, tout en favorisant la biodiversité et en rendant la planète plus belle. Cela correspondrait à près de 70 % de l'ensemble des émissions de CO_2 dans l'atmosphère depuis la révolution industrielle. Pour lutter contre le dérèglement climatique, peu d'actions sont aussi importantes et urgentes, mais pourtant simples, que de planter des arbres. Cette très ancienne méthode de stockage du carbone ne nécessite aucune technologie de pointe, elle ne présente aucun danger et ne coûte presque rien. Les plantations permettent d'inverser le processus qui a conduit au réchauffement climatique, car les arbres (au même titre que la biomasse en général) captent le CO_2 de l'air, relâchent de l'oxygène et remettent le carbone à sa place, dans le sol. Les arbres sont aussi très appréciés dans les espaces verts en ville, rafraîchissent la température ambiante, produisent de la nourriture dans certains cas, et réalimentent les aquifères dans les zones rurales et périurbaines.

Malheureusement, au cours des cinq ou dix dernières années, nous avons eu tendance à considérer la plantation d'arbres et la reforestation comme une corvée imposée pour se dédouaner de l'émission de gaz à effet de serre, ou, plus grave encore, comme une mesure hypocrite servant à masquer la réalité de la situation. La « compensation carbone » s'est attiré mauvaise réputation chez les écologistes. Il est temps d'expliquer en quoi c'est une bonne chose. Nous devrions tous planter un arbre, dix arbres, vingt arbres. N'y pensez en aucun cas comme à une compensation – sans entrer dans aucun calcul, c'est un geste primordial pour lutter contre le dérèglement climatique ici et maintenant, sans faire appel à des technologies énergétiques de pointe. Les techniques vont se développer mais, bien qu'elles soient amenées à prendre le relais, nous aurons toujours besoin d'absorber le CO_2 de l'air pour atteindre la neutralité carbone.

Bref, nous pourrions rétablir le climat à son état d'il y a plusieurs décennies simplement en plantant des arbres[8].

Les politiques de reboisement et de restauration des massifs forestiers profitent à tout le monde. La Chine, par exemple, a réussi à freiner l'érosion des sols dans les années 1990, alors que de vastes régions menaçaient de ressembler au Dust Bowl du Midwest américain dans les années 1930. Un programme de reforestation de 100 millions d'hectares de terres fut mis en place en passant directement par les agriculteurs qui étaient payés pour planter des arbres. Le programme se poursuit et connaît un grand succès. En conséquence de quoi, les précipitations sont devenues plus stables, les sols plus fertiles et la production agricole a augmenté[9]. En Éthiopie, après avoir réduit le couvert forestier à seulement 4 % du territoire, le pays a entrepris une campagne géante qui a abouti à la plantation de 350 millions d'arbres sur 1 000 sites, pratiquement tous en une seule journée[10]. Tous ne prendront pas, mais ceux qui pousseront joueront un rôle important.

Les avantages des plantations d'arbres ne se limitent pas aux zones rurales et agricoles. Les arbres ont la capacité de faire baisser la température des villes de 10 °C[11]. Ce surcroît de fraîcheur pourrait compenser en grande partie les effets du réchauffement climatique dans les zones urbaines ; or quand on sait que les villes indiennes atteignent déjà des températures supérieures à 50 °C, cela pourrait sauver des millions de vies humaines. Les arbres purifient également l'air des villes en filtrant les particules fines et en absorbant les polluants, ils régulent l'écoulement de l'eau, réduisent les inondations et augmentent la biodiversité urbaine. Les résultats constatés sont si flagrants que, en zone urbaine, les propriétés entourées d'arbres atteignent des valeurs en moyenne 20 % supérieures aux autres[12]. Si nous voulons opérer la transition vers un mode de vie urbain, le seul qui donnera à la nature l'espace nécessaire pour se déployer, nous devons intégrer la végétation et la biodiversité dans les villes beaucoup mieux qu'aujourd'hui.

Laisser la nature s'épanouir librement

Le terme de « réensauvagement » recouvre une pratique de plus en plus répandue qui consiste à permettre à la terre de revenir à ses processus naturels. Le réensauvagement pourrait réduire radicalement le taux en CO_2 de l'atmosphère et préserver le réseau du vivant. Il existe déjà de multiples initiatives de ce genre à petite et grande échelle dans le monde entier. Le projet Knepp Wildland est exemplaire dans ce domaine. Il s'agit de la reprise en charge en 2001 au Royaume-Uni, dans le sud du Sussex, de plus de 1 400 hectares de terres soumises à une culture intensive depuis la Seconde Guerre mondiale. Au début, les champs étaient très appauvris et la ferme réalisait rarement des bénéfices. La philosophie de Knepp Wildland est de permettre aux processus naturels de se développer librement plutôt que de viser des objectifs et des résultats. Les animaux, élevés en pâturage – bovins, poneys, cochons et cerfs –, sont au centre du processus de régénération et remplacent les herbivores qui entretenaient la terre en paissant là il y a des milliers d'années. Les différentes préférences des animaux en matière de pâturage contribuent à créer une mosaïque d'habitats : prairies, broussailles, arbres à croissance libre et pâturages boisés. Ces animaux ont besoin de très peu d'intervention humaine. De faible coût d'entretien, ils fournissent de la viande biologique sauvage à croissance lente et nourrie au pré, pour laquelle il existe un marché en pleine expansion. En à peine plus de dix ans, Knepp a obtenu des résultats étonnants en matière de biodiversité. Ces terres sont devenues un lieu de reproduction pour les papillons empereurs pourpres, les tourterelles des bois et 2 % de la population de rossignols du Royaume-Uni.

Devenez flexitarien, tendance végétale

Si vous mangez moins de viande et de produits laitiers, votre empreinte carbone diminuera et ce sera meilleur pour votre santé. Ou mieux, n'en mangez plus du tout. Cela peut sembler un peu excessif mais rappelons que pendant pratiquement toute l'histoire de l'humanité, la viande ne représentait qu'une faible partie de notre alimentation. Sa consommation a été variable au cours des siècles, mais globalement beaucoup plus faible qu'aujourd'hui. Aux temps préhistoriques, nous nous nourrissions épisodiquement de charognes. Dans l'Antiquité grecque et romaine, nous mangions de 20 à 30 kg de viande par personne et par an. Au Moyen Âge, en Europe, 40 kg par personne et par an, et à la Renaissance après les ravages de la peste, 110 kg par an. Pendant la révolution industrielle, la moyenne est tombée à 14 kg par personne par an[13]. À la période postindustrielle, la réfrigération a fait monter la consommation de viande régulièrement jusqu'à aujourd'hui, où elle est passée à une moyenne mondiale de 40 kg par personne, pour 20 kg en 1960. La consommation de viande est plus élevée dans les pays à hauts revenus (record carnivore tenu par l'Australie avec 116 kg par personne en 2013). En Europe et en Amérique du Nord, on en consomme respectivement près de 80 kg et plus de 110 kg[14].

Le passage à un régime végétarien est déjà en cours dans de nombreux pays. Même si vous trouvez difficile de vous passer totalement de viande et de produits laitiers, un régime flexible vous permettra de vous familiariser avec d'autres types de nourritures à certains repas, ce qui a son importance. En réalité, c'est même la plus grande évolution dans le domaine alimentaire prévue dans les prochaines années. Si globalement le nombre d'individus désireux de devenir végétaliens ou végétariens est relativement faible, au moins 50 % de la population des États-Unis désirerait réduire sa consommation de viande. Les substituts végétaux coûtent de moins en moins cher et sont d'excellentes alternatives. On prévoit qu'en 2040 ces produits représenteront 60 % d'un secteur qui n'est que de 10 % aujourd'hui[15]. L'industrie alimentaire commence à prendre la mesure de l'ampleur de ce marché végétarien qui s'ouvre à elle.

Boycotter les produits
qui contribuent à la déforestation

Trop d'ingrédients entrant dans la composition des produits de consommation courante proviennent de terres déboisées pour la culture. En 2010, Greenpeace a diffusé une campagne publicitaire qui a remporté un succès retentissant. On y voyait un employé de bureau qui ouvrait un Kit Kat. Mais au lieu d'être en chocolat, la barre était faite de doigts d'orang-outan qui, à la première bouchée, envoyaient un jet de sang sur son clavier[16]. Cette vidéo a fait mouche et a permis aux consommateurs d'établir un lien direct entre les ingrédients contenus dans leur barre chocolatée et la destruction massive de l'habitat naturel des orangs-outans. Plus de 200 000 courriels ont été envoyés à Nestlé ; des manifestations ont eu lieu devant les bureaux de la société et, en six semaines, l'une des plus grandes entreprises du monde a complètement renversé sa politique et pris l'engagement de n'utiliser que de l'huile de palme zéro déforestation[17].

Nous ne nous rendons pas compte du poids que nous avons. Si une entreprise se livre à des pratiques destructrices, il faut la dénoncer publiquement. Lorsque l'alerte est donnée, nous pouvons simplement retirer notre caution à l'entreprise et l'indiquer par notre refus d'acheter ses produits.

Nous ne sommes pas impuissants.

Action 7 – Investir dans une économie propre

Nous devons passer d'un modèle linéaire de croissance qui récompense l'extraction et la pollution, à un modèle circulaire qui permet de régénérer les systèmes naturels. Seule une économie propre fonctionnant en harmonie avec la nature, en réaffectant les ressources autant de fois que possible, en minimisant le gaspillage et en reconstituant systématiquement les ressources épuisées peut nous sauver.

Si nous voulons mettre en œuvre ce nouveau modèle économique et voir les grands acteurs du marché, investisseurs et entrepreneurs travailler à la régénération et non plus à l'extraction, nous allons devoir changer notre façon d'envisager l'économie, renforcer les politiques publiques et engager fortement les institutions dans l'action. La finance et les investissements joueront un rôle essentiel. Bien que, historiquement, nous ayons assez bien su gérer le capitalisme en nous dotant de garde-fous efficaces comme les lois, la fiscalité et les organisations caritatives, nous avons encore beaucoup à améliorer. C'est le moment d'agir.

Nous avons pris l'habitude de considérer l'économie comme le principal indicateur de performance des pays. Davantage de croissance économique, c'est bien, moins de croissance, c'est mal ; une croissance négative ou une récession, c'est un désastre. Le gouvernement fait tout ce qui est en son pouvoir pour maintenir les chiffres à la hausse et la plupart des politiques considèrent que c'est leur première responsabilité.

La croissance économique est actuellement calculée en fonction du PIB, ou produit intérieur brut, qui mesure la valeur marchande des biens et services produits au cours d'une année. L'idée que tout pays responsable se doit d'avoir pour objectif une croissance du PIB allant vers l'infini est fortement ancrée dans notre culture. Elle se perpétue par la faute des médias, des politiques, des chefs d'entreprise et de tous ceux qui en parlent sans cesse comme d'un fait acquis, une mesure immuable[1]. On n'est pas obligé de répéter le passé. Rien ne nous empêche de faire autrement, et nous sommes de plus en plus nombreux à réagir.

Mais le PIB n'est pas un bon marqueur de la qualité de vie car il ne traduit que l'activité d'extraction, de transformation et d'élimination des ressources. Il ne montre en rien la réussite des politiques gouvernementales, car on n'inclut pas dans son calcul les conséquences de la pollution, l'état des inégalités, de la santé, de l'éducation, ni même le bonheur. Il ne prend pas non plus en compte les mesures prises pour régénérer les terres dégradées et veiller sur la santé des océans. À titre d'exemple, si vous buvez du café dans une tasse jetable tous les jours, le PIB augmente, mais les forêts disparaissent et les émissions augmentent. Si vous buvez du café dans une tasse en céramique réutilisable, le PIB diminue. Si vous jetez votre tasse en céramique tous les jours et que vous en achetez une neuve, le PIB grimpe en flèche.

En ces temps de transition, une croissance strictement linéaire du PIB ne peut plus être prioritaire. On ne vit pas mieux en possédant davantage de biens matériels, au contraire ; la consommation est au centre du problème. Nous devons réorienter nos valeurs pour donner plus de poids à la qualité de vie et à la santé des écosystèmes, et ne plus compter en termes de quantité de produits achetés. Commençons par calculer la croissance en fonction de sa contribution aux « objectifs de développement durable » (ODD). Ces dix-sept objectifs interdépendants ont pour but d'accroître durablement la prospérité, l'égalité et le bien-être dans le monde[2].

Mettons notre argent là où ça compte

Le capital va tout droit vers les investissements qui ont fonctionné par le passé, comme si rien ne changeait jamais. Les capitaux mondiaux sont entre les mains de gens extrêmement prudents qui cherchent à obtenir un bon rendement, et dont la priorité première est souvent de ne s'engager dans rien qui risque de perdre de la valeur. Techniquement, rien de mal à cela, bien sûr, mais cela pose un gros problème. Nous ne pourrons pas créer l'avenir que nous voulons sans prendre de risques. En juin 2019, le Parlement norvégien votait un projet de loi visant à ce que son fonds souverain (le plus important du monde avec un milliard de dollars d'actifs) se départe de plus de 13 milliards de dollars d'investissements dans les combustibles fossiles. La loi autorise le fonds à investir jusqu'à 20 milliards de dollars dans les énergies renouvelables, en commençant par les projets éoliens et solaires sur les marchés des pays développés[3].

Nous pouvons encourager la multiplication de ces énormes mouvements de redistribution du capital. En 2012, Bill McKibben a lancé avec 350.org une campagne de désinvestissement citoyenne pour pousser les organismes financiers à cesser d'investir dans des projets et des entreprises qui perpétuent les causes du réchauffement climatique[4]. Cette campagne a rencontré le plus grand succès de tous les temps. Des sociétés financières dont les actifs combinés s'élèvent à plus de 8 trillions de dollars se sont départies de leurs avoirs en combustibles fossiles. Cela a permis de dégager des fonds pour financer des actions climatiques et a envoyé un signal fort à ceux qui s'accrochent encore au passé. Peabody, la plus grande société charbonnière du monde, a accusé le désinvestissement d'être une des raisons de sa faillite en 2016[5]. Shell a listé le désinvestissement comme un risque important pour l'avenir de ses activités[6].

On peut dès à présent mettre de l'ordre dans ses placements et réinvestir. Il n'est plus acceptable de faire semblant d'ignorer que l'argent que l'on possède a le pouvoir de détruire la planète ou de la reconstruire. Si vous avez un plan de retraite ou des économies, allez voir où votre argent est placé. Ne faites pas l'impasse sur l'option par défaut des régimes de retraite complémentaires à contributions définies – si vous travaillez pour une entreprise qui dispose de ce genre de plan, demandez que vos parts soient investies dans autre chose que les combustibles fossiles. Écrivez à l'administrateur de votre fonds de pension pour savoir s'il a désinvesti de l'ancienne économie – ou s'il prévoit de le faire dans un avenir proche. Demandez-lui s'il tente d'influencer les entreprises dans lesquelles l'argent est placé pour les pousser à s'aventurer vers l'économie propre. Encouragez vos amis et collègues à faire comme vous.

Quand les capitaux commenceront à affluer dans des entreprises et des projets qui ont une action positive pour l'avenir, et ce mouvement est déjà en bonne voie, il viendra un moment où nous aurons besoin de faire moins d'efforts et où tout avancera plus facilement. Nous constatons déjà que les investissements sales, polluants et irresponsables donnent de moins bons résultats que les autres. Et les entreprises qui refusent de prendre en compte l'avenir de la planète commencent déjà à avoir mauvaise réputation : leurs investisseurs et leurs clients leur posent des questions qui les mettent en difficulté (continuez à leur en poser !) et elles ont du mal à trouver de nouveaux collaborateurs intéressants qui veulent bien travailler pour elles. Grâce à une pression sans relâche, l'argent commencera à affluer et produira un cercle vertueux qui bénéficiera à la construction d'une économie propre.

Les principes fondamentaux de la construction d'une économie régénératrice sont déjà connus et à l'œuvre dans le monde entier. En janvier 2019, Jacinda Ardern, Première ministre de la Nouvelle-Zélande, a annoncé que son gouvernement présenterait bientôt un « budget bien-être » destiné à évaluer l'impact à long terme de différentes mesures sur la qualité de vie des gens. « Nous devons nous préoccuper du bien-être social de notre pays, pas seulement du bien-être économique », a-t-elle déclaré. Elle a fait valoir que cette idée pourrait nous aider à dépasser les politiques à court terme et à apprendre plutôt à considérer la gestion des nations sous l'aspect de la « bonté, de l'empathie et du bien-être[7] ». C'est bien cela qu'il faut faire en bâtissant des infrastructures et des systèmes conçus pour répondre à nos intérêts, et en supprimant ceux qui détériorent l'environnement.

La croissance économique peut avoir des effets très positifs : plus de gens sont sortis de la pauvreté grâce à la croissance économique qu'avec aucun autre modèle. Mais l'époque où seule comptait la rapidité avec laquelle on pouvait extraire des matières premières et les transformer en déchets doit prendre fin, non pas pour des raisons idéologiques ou politiques, mais parce que c'est une question de vie ou de mort. La réduction de la pauvreté réalisée avec l'ancien modèle peut d'ailleurs très bien n'être que temporaire, puisque notre structure économique tournée vers le court terme et liée au PIB responsable du réchauffement climatique va probablement faire baisser le niveau de vie. Le point positif, c'est que les dix-sept objectifs de développement durable sont de plus en plus considérés par les économistes comme des objectifs raisonnables. En les mettant en place, il sera tout à fait possible d'allier croissance durable et fortes réductions des émissions tout en permettant une diminution rapide de la pauvreté, ces mesures s'entraînant et se renforçant mutuellement.

Au Costa Rica, la décision a été prise il y a bien des années par le président José Figueres Ferrer, le père de Christiana, de supprimer l'armée et de réinvestir le budget de la Défense dans l'éducation et l'expansion du couvert forestier qui était alors inférieur à 20 %. Aujourd'hui, le taux d'alphabétisation est l'un des plus élevés d'Amérique latine[8], la forêt couvre plus de 50 % du territoire[9], et l'électricité est fournie presque exclusivement par les énergies renouvelables. Le Costa Rica mesure ses progrès non seulement par le PIB mais aussi par des indicateurs qui poussent le gouvernement à prendre des décisions favorisant le bien-être. Selon le Happy Planet Index, ou indice de planète heureuse, le Costa Rica a été classé à la première place des pays où il fait bon vivre en 2009, 2012 et 2018[10].

Action 8 – Exiger un numérique responsable

Les nouvelles technologies promettent des avancées très intéressantes dans le domaine de la réduction des gaz à effet de serre. Nous devons les adopter vite, mais en restant prudents et sans y voir une solution miracle. Le numérique va faire de plus en plus partie de notre vie, et l'habitude ne doit pas nous faire oublier ses dangers. Pour cadrer son pouvoir et son influence, nous devons veiller à ce que des systèmes de gouvernance adéquats soient mis en place.

Si nous parvenons à gagner la course contre la montre et à dépasser la crise climatique sans trop de dommages pour la planète et l'humanité, ce sera en grande partie grâce à notre capacité d'adaptation à la nouvelle société numérique.

L'intelligence artificielle (IA) avec l'adjonction de capteurs (pour recueillir les données) et de la robotique (pour automatiser les activités physiques), ainsi que le réseau de dispositifs intelligents connu sous le nom d'Internet des objets, possèdent un énorme potentiel et pourraient être nos plus grands alliés contre la catastrophe[1]. Mais cela risque de se retourner contre nous. Les innovations qui nous offrent le plus grand espoir de construire un avenir meilleur pourraient aussi créer des catastrophes. Par exemple, l'arrivée des voitures électriques autonomes pourrait supprimer le besoin de posséder un véhicule privé, mais, à l'inverse, cela pourrait aussi permettre à un État sans scrupule de suivre et de surveiller les déplacements des citoyens.

Le feu qui nous réchauffe et nous réconforte un soir d'hiver peut aussi réduire notre maison en cendres. De même, le numérique n'est ni bon ni mauvais en soi. Il faut juste maîtriser son utilisation. Dans un avenir proche, il sera impossible de ne pas croiser à un moment ou à un autre de notre vie une machine plus intelligente que nous dans presque tous les domaines. Nous avons eu un avant-goût de cette évolution en 2017. Le programme d'intelligence artificielle AlphaGo Zero a appris tout seul comment gagner au go, un très ancien jeu de stratégie chinois réputé fort difficile. Il y est parvenu en accumulant des milliers d'années de connaissances humaines, puis en les améliorant, et cela en quarante jours seulement[2].

DeepMind, la société créatrice d'AlphaGo Zero, déclare que son système ne se limite pas à l'élaboration de logiciels champions en jeux de stratégie, mais qu'il peut servir à développer d'autres applications qui auront un impact positif sur la société[3]. Il ne serait cependant pas sage de compter sur la seule bonne volonté des entreprises pour s'assurer que cette technologie est en phase avec nos objectifs de régénération du vivant et d'attention au bien-être de l'humanité.

Les systèmes d'intelligence artificielle apprennent vite, mais cela ne nous dit pas à quoi ils seront utilisés. Il est par exemple possible que des machines apprennent à extraire les ressources qui restent sur terre jusqu'aux dernières, et que les producteurs les mettent de côté pour se constituer un trésor de guerre. Voilà pourquoi il faut intégrer dès le départ des garde-fous pour se protéger contre les abus de l'intelligence artificielle, et élaborer de bons principes de supervision et de gouvernance.

Le numérique de l'avenir a souvent été présenté comme la solution miracle à la crise climatique par les politiques et les chefs d'entreprise qui trouvent cette excuse pour ne pas agir dès maintenant pour résoudre la crise. Ce serait prendre un risque terrible d'attendre pour trouver des solutions en nous laissant aveugler par l'espoir d'éventuelles avancées technologiques en dépit de l'urgence, car non seulement les innovations n'arriveront peut-être pas à temps, mais ces systèmes ne s'intégreront harmonieusement dans la société que si elle évolue déjà dans la bonne direction. La foi en l'innovation ne peut en aucun cas nous dispenser de réfléchir dès maintenant.

S'il est vrai que nous avons besoin des nouvelles technologies pour lutter contre l'effondrement de la biosphère, il faut bien voir que le numérique est un facteur important d'augmentation des inégalités déjà très grandes entre les riches et les pauvres. Dans des sociétés où 70 % de la population doit se débrouiller pour vivre avec seulement 2,5 % de la richesse mondiale[4], un renforcement de l'automatisation pourrait creuser cet écart et faire exploser la situation. Les sociétés inégales sont très instables et ont moins de chances de trouver des solutions à des problèmes aussi complexes que le dérèglement climatique.

Malgré tout ce qu'on peut entendre dans certains milieux politiques sur les liens entre l'immigration et le chômage, c'est l'automatisation qui est à l'origine de la plus grande partie des pertes d'emplois dans le monde[5]. Les prochaines décennies vont considérablement aggraver cette situation. De la même manière, la baisse de la consommation de viande, remplacée par des alternatives cultivées in vitro ou végétales, va transformer l'économie de pays entiers. Au Brésil, plus de 20 millions de personnes travaillent dans l'industrie agricole[6]. Pour passer à une agriculture plus durable, les terres pourraient être converties à la production de biocarburant en prévision d'une augmentation de la demande dans un avenir proche. Deux tiers de ces agriculteurs élèvent des vaches de boucherie ou cultivent du soja pour nourrir leur bétail. Bien que l'abandon de la viande bovine comporte d'énormes avantages sur le plan écologique, si la transition est mal gérée et que l'on ne soutient pas la conversion vers d'autres emplois et la formation, le chômage massif et brutal dans ce secteur entraînera d'énormes souffrances humaines et rendra les extrêmes politiques encore plus tentants. Il est fort possible que malgré la mise en place de systèmes numériques capables de gérer la crise climatique, les dégâts humains causés par la transition soient tellement graves que les appels populistes et l'attrait des extrêmes l'emportent et nous fassent perdre de vue l'étroite opportunité que nous avons de nous engager vers un avenir régénérateur.

Bien pensés et bien gérés, les ordinateurs pourraient nous permettre de gagner la bataille contre le réchauffement climatique à temps. Les secteurs qui nécessitent encore de se développer pour assurer un avenir régénérateur avanceront beaucoup plus vite grâce aux systèmes intelligents. Par exemple, l'irrégularité de production de l'énergie renouvelable est l'un des grands problèmes à résoudre pour fournir le réseau, puisqu'il n'y a d'électricité que lorsque le soleil brille ou que le vent souffle.

Grâce aux algorithmes d'intelligence artificielle, il est maintenant possible de repenser complètement la distribution d'énergie. Actuellement centralisés, les réseaux électriques pourront être pilotés et agir à la façon d'un réseau neuronal, en prédisant la production et en injectant l'électricité là où elle est nécessaire au moment voulu. Les réseaux électriques intelligents vont permettre de cartographier « intuitivement » l'offre et la demande, en naviguant constamment entre le stockage et la production d'électricité de sorte que des quantités beaucoup plus importantes d'énergie renouvelable pourront être exploitées, réduisant ainsi la consommation de gaz et de charbon et la rendant peut-être même inutile[7].

Au-delà de cela, l'IA accélère déjà la décarbonation dans un grand nombre d'autres domaines. L'apprentissage automatique sert à prévenir les fuites de méthane dans les gazoducs, à accélérer le développement des carburants solaires (combustibles chimiques de synthèse produits directement ou indirectement à partir de l'énergie solaire), à améliorer les techniques de stockage par batteries, à optimiser le fret et les transports pour une meilleure efficacité énergétique, à réduire la consommation des bâtiments, à planter des forêts à l'aide de drones, et à bien d'autres choses encore[8]. Il existe également des pistes prometteuses pour la prédiction des conditions climatiques extrêmes et même pour l'élimination directe des gaz à effet de serre de l'atmosphère.

L'accord de Paris n'a pas été facile à obtenir, mais nous pourrions avoir encore plus de mal à nous entendre mondialement sur une vision collective de la gouvernance de l'intelligence artificielle. À l'heure actuelle, beaucoup de pays sont engagés dans une course au développement des systèmes et des compétences pour dominer le marché dans ce nouveau domaine, or tous n'ont pas les mêmes attitudes vis-à-vis de l'IA et de la place qu'elle doit occuper dans la vie des citoyens. Par exemple, les Nigérians et les Turcs ne voient pas d'inconvénient à ce que des systèmes d'intelligence artificielle pratiquent sur eux des interventions chirurgicales lourdes. Au contraire, les Allemands et les Belges sont plutôt hostiles à cette idée[9]. Ces différences d'appréciation font subir des pressions inégales sur les gouvernements quand il s'agit d'établir les recommandations sur l'intelligence artificielle, en conséquence de quoi, certaines sont laxistes et d'autres très strictes[10].

Ces disparités sont bien compréhensibles mais trop dangereuses quand il s'agit d'un événement aussi grave que la crise climatique. Le travail accompli par les gouvernements français et canadien avec la création d'un groupe international d'experts sur l'intelligence artificielle (G2IA) va dans le bon sens[11].

Renseignez-vous pour savoir si votre pays, votre commune ou l'entreprise pour laquelle vous travaillez investit dans l'intelligence artificielle, et dans quel but. Engagez-vous à faire pression par tous les moyens possibles pour que ces programmes obéissent aux grands principes internationaux déjà mis au point et que des mesures de contrôle de ces systèmes soient prévues pour les faire aller dans le sens d'un avenir régénérateur sans entraver nos chances de surmonter la crise.

On estime qu'il y aura plus de 9 milliards d'êtres humains sur terre d'ici à quelques dizaines d'années, peut-être même plus de 10 milliards. À ce stade, si nous avons conservé le même taux d'émissions par habitant qu'aujourd'hui, le point de saturation sera atteint pour la planète. Le numérique, en particulier l'intelligence artificielle et l'apprentissage automatique, a la capacité de nous aider à lutter plus efficacement contre la dégradation de l'environnement. Des solutions à des problèmes que nous tenons encore pour insolubles pourraient enfin se débloquer : il pourrait devenir possible de passer d'une économie linéaire à une économie circulaire grâce à l'utilisation optimale des ressources naturelles.

Quand AlphaGo Zero apprenait à jouer au go, les développeurs ont remarqué qu'après avoir appris les tactiques mises au point par des joueurs professionnels au fil des générations, la machine décidait parfois de les abandonner au profit d'autres, nouvelles et meilleures, auxquelles personne n'avait encore pensé. Dans la course contre la montre qui s'est engagée, cette rapidité d'apprentissage de l'intelligence artificielle nous offre des possibilités extraordinaires d'accélération des découvertes pour répondre à l'urgence climatique, à la seule condition de bien encadrer l'utilisation de cette technologie.

Un événement survenu dans les centres de données de Google en 2016 nous apporte un excellent exemple de ce que pourrait nous apporter l'intelligence artificielle. Depuis plus de dix ans, les ingénieurs de Google étaient à la pointe de l'optimisation des systèmes de données. Leurs serveurs étaient parmi les plus efficaces du monde et on ne voyait plus comment des améliorations décisives auraient pu être apportées. Et puis des algorithmes de DeepMind furent introduits dans le système. La consommation d'énergie du système de refroidissement a alors diminué de 40 %[12]. Une simple illustration de ce que l'intelligence artificielle pourrait apporter dans des domaines où l'intelligence humaine piétine.

À l'heure actuelle, les investissements en intelligence artificielle pour résoudre la crise climatique sont insuffisants. Dans le monde de demain, tous les gouvernements et les grandes entreprises de la planète devront mettre en place une réglementation saine et bien pensée pour régir l'utilisation de l'IA et financer activement cette technologie capable de nous faire réaliser des progrès spectaculaires dans la réduction des émissions.

S'ils le font, le numérique peut être notre meilleur allié sur la voie d'un avenir meilleur.

Action 9 – Construire l'égalité entre les hommes et les femmes

Donnons-nous pour mission de laisser une place de plus en plus importante aux femmes à tous les niveaux de prise de décision car tout va mieux quand les femmes prennent une part active dans les processus décisionnaires. Une foison d'études le montrent, depuis des années. Les femmes ont un mode d'exercice du pouvoir qui leur est propre : elles sont plus ouvertes et plus accessibles à un large éventail de points de vue, et elles réussissent mieux à travailler en équipe et à fixer des perspectives à long terme. Ce sont là des qualités essentielles pour lutter contre la crise climatique[1].

Les premiers résultats le confirment : les entreprises, les pays, les ONG et les institutions financières prennent des mesures plus énergiques pour lutter contre le réchauffement climatique lorsqu'ils sont dirigés par des femmes ou ont une forte proportion de femmes à des fonctions décisionnelles[2]. Il est aujourd'hui vital de refonder profondément la société, que ce soit sur le plan familial, professionnel, régional ou gouvernemental, en donnant aux femmes un rôle au moins égal à celui des hommes à tous les niveaux décisionnels. Dans de nombreux pays, l'égalité entre les hommes et les femmes est censée être acquise et la discrimination sexuelle appartenir au passé. Des études montrent cependant qu'il existe toujours une forte tendance, dans tous les secteurs, à surestimer les performances des hommes et à sous-estimer celles des femmes. Pourtant, alors que les femmes ont parfaitement conscience de l'inégalité, les hommes minimisent souvent la gravité de la situation. L'immense majorité des personnalités politiques sont des hommes : il suffit de regarder n'importe quelle photo des dirigeants du G20, quelle que soit l'année, pour le voir. La disparité des salaires que tout le monde reconnaît (les femmes sont payées 20 % de moins que les hommes pour le même travail) n'est qu'une manifestation du même problème et montre à quel point les opinions sur la question restent bien souvent subjectives et discriminatoires[3].

Or pour régler un problème, il faut d'abord en prendre conscience. Si l'on veut corriger l'inégalité des pouvoirs entre les genres dans les instances décisionnelles, on devra commencer par s'attaquer aux préjugés inconscients qui sont largement responsables de la situation. À l'heure actuelle, c'est un problème que beaucoup de gens ne veulent pas voir.

En attendant, beaucoup de femmes sont déjà conscientes de la gravité exceptionnelle de la situation climatique. Des figures de proue telles que Natalie Isaacs, Isra Hirsi, Hilda Flavia Nakabuye, Greta Thunberg et Penelope Lea, pour ne citer qu'elles, ont mobilisé des centaines de milliers de jeunes pour réclamer des mesures urgentes en faveur du climat. Les femmes sont à l'avant-garde de l'entraide face au réchauffement climatique. Un peu partout dans le monde, la connaissance de la Terre permet aux femmes de repérer plus rapidement les changements environnementaux, et d'apprendre à y faire face, par nécessité, en s'adaptant. Les femmes sont des pionnières en matière de solutions climatiques innovantes au sein de leurs collectivités, et particulièrement actives dans les périodes de transition grâce à la grande capacité d'écoute et d'empathie nécessaires à la collecte de l'intelligence collective. Des qualités qui n'ont jamais été aussi importantes et nécessaires.

Les législatrices votent des mesures pour la protection de l'environnement presque deux fois plus souvent que les hommes, et dans les sociétés d'investissement, les femmes sont deux fois plus susceptibles de placer des fonds dans des entreprises qui traitent mieux leurs employés et respectent l'environnement[4].

Il est impératif de soutenir l'éducation des filles dans le monde entier. Une femme instruite a la possibilité de travailler, d'être économiquement plus productive et d'aider la société à prendre de meilleures décisions. Surtout, l'éducation permet aux femmes de se défendre et de prendre leur indépendance, et en particulier de se soucier de leur santé sexuelle et reproductive. Les filles qui peuvent rester à l'école se marient moins jeunes et ont moins d'enfants. Selon la Brookings Institution, dans certaines parties du monde, une fille ayant été scolarisée pendant douze ans aura jusqu'à cinq enfants de moins au cours de sa vie qu'une autre qui n'aura pas été scolarisée du tout[5].

Comme aujourd'hui 130 millions de filles se voient refuser l'accès à l'éducation, on se retrouve face à potentiellement autant de jeunes femmes qui sont condamnées à une vie de grossesses incessantes, et qui mettront au monde un nombre d'enfants toujours croissant dans des régions du monde dont les ressources sont insuffisantes pour les élever. Selon ces calculs, un taux de scolarisation des filles de 100 % dès aujourd'hui permettrait de faire baisser de 843 millions de personnes la population mondiale prévue pour 2050[6], ce qui ne serait pas négligeable face à la crise climatique.

Si vous êtes une femme, le moment est venu d'envisager de poser votre candidature pour assumer une fonction officielle ou de demander une promotion bien méritée à votre travail si vous n'avez pas osé le faire jusque-là. Si vous êtes un homme, soutenez et encouragez vos collègues femmes, la femme qui partage votre vie, vos amies et les femmes de votre famille. Les femmes se sentent souvent plus fortes quand elles rejoignent un mouvement ou un groupe qui partage leurs objectifs. Le mouvement Brand New Congres aux États-Unis, qui a vu un nombre record de femmes l'emporter aux primaires de 2018, en est un exemple marquant[7]. Les candidates, y compris Alexandria-Ocasio Cortez – devenue une figure très influente de l'action climatique –, ont puisé énormément de force et de confiance en elles lors de ces élections dans la présence d'autres femmes à leur côté[8].

Nous gérerons d'autant mieux la crise climatique que nous parviendrons à augmenter la proportion de femmes à des postes clés où elles pourront influencer les décisions. Il est temps pour vous de vous faire élire ou d'aider les femmes que vous connaissez à mener campagne.

Dans le chaud désert du Gujarat, l'État le plus à l'ouest de l'Inde, des femmes améliorent leurs revenus en exploitant collectivement des sources d'énergies renouvelables. Le Gujarat, d'où provient près de 76 % du sel de l'Inde, reste en grande partie coupé du réseau électrique. Pendant fort longtemps, les 40 000 familles des travailleurs des marais salants (appelés localement les Agariyas) ont utilisé pour la production des pompes à moteur diesel qui leur coûtaient plus de 40 % de leurs revenus annuels. Tout cela est en train de changer. Les Agariyas passent au solaire sous la direction de Reemaben Nanavaty, une visionnaire originaire du Gujarat et présidente de la Self Employed Women's Association (SEWA), un regroupement qui, avec 2 millions de membres, est le plus grand syndicat de travailleurs indépendants du monde. Les mille premières femmes à avoir pris ce virage ont doublé leurs revenus, ce qui leur a apporté l'indépendance financière et sociale et leur a permis d'envoyer leurs enfants au collège et au lycée. Une fois étendu aux 15 000 membres de la SEWA qui travaillent dans les marais salants, le projet évitera l'émission de 115 000 tonnes de dioxyde de carbone – l'équivalent du retrait de près de 25 000 voitures de la circulation[9].

De son côté, Solar Sister, une entreprise sociale opérant au Nigeria et en Tanzanie, recrute des femmes et les forme à vendre des sources d'énergie renouvelables et abordables, comme des lampes solaires et des fourneaux propres. La déforestation et le réchauffement climatique obligent souvent les femmes à marcher de plus en plus loin pour chercher de l'eau ou du bois de chauffage. Si elles ne rapportent pas assez d'eau ou de bois pour cuisiner, elles risquent d'être victimes de violences conjugales. Cette charge de travail supplémentaire implique aussi qu'elles ont moins de temps à consacrer à l'apprentissage ou à des activités génératrices de revenus. Solar Sister a recruté et formé 4 000 femmes qui sont toutes aujourd'hui entrepreneurs. Elles ont fourni des solutions d'énergie propre à 1,6 million de personnes en Afrique, et allégé le poids qui pesait sur les épaules d'un grand nombre de femmes[10].

Ce ne sont là que deux exemples de ce que des femmes ont pu réaliser pour améliorer leurs conditions de vie dès qu'elles ont eu la liberté et les moyens d'agir.

Ce genre d'expériences pourraient avoir lieu partout dans le monde.

Action 10 – Faire de la politique

Et pour finir, l'action qui nous semble la plus importante. Les démocraties sont fragilisées par la crise climatique. Elles doivent évoluer en ces temps difficiles, et il nous faut tous participer activement pour leur permettre de résister.

Nous ne réussirons la transition vers un monde régénérateur qu'au sein de systèmes politiques stables et réactifs sachant prendre en compte l'évolution des besoins de notre planète et des désirs des citoyens. Le dérèglement climatique risque d'ébranler fortement la société[1], alors que la stabilité est une condition essentielle à une transition réussie et à l'élaboration d'un monde viable.

Si le premier devoir d'un État est de protéger ses citoyens, alors la démocratie telle que nous la connaissons actuellement un peu partout dans le monde ne fonctionne pas. Le dérèglement climatique met notre existence en danger et risque de s'aggraver beaucoup plus vite qu'on ne l'imagine. Si nos formes de gouvernement ne parviennent pas à nous en protéger, elles seront remplacées à plus ou moins long terme, certes, mais ces alternatives peuvent prendre beaucoup de temps à se mettre en place et elles ne seront pas nécessairement plus efficaces pour nous mener vers un avenir régénérateur dans les délais voulus.

Dans de nombreux pays aujourd'hui, la démocratie est tombée sous la coupe des intérêts financiers. Tout comme on l'a vu pour le tabac, une petite minorité d'entreprises n'a besoin de dépenser que des sommes relativement modérées pour tenir les représentants élus sous influence, et les empêcher de protéger la population. Les pressions s'exercent souvent par l'intermédiaire d'associations professionnelles, de sorte que même lorsque les entreprises elles-mêmes ne font pas directement pression à travers les lobbies pour arriver à leurs fins, ce travail est réalisé par des intermédiaires[2].

Cette façon d'agir pose un grave problème. Par exemple, en 2016 aux États-Unis, la National Association of Manufacturers (NAM) a remporté une longue bataille qui lui a permis de retarder la mise en œuvre du plan américain pour une énergie propre et, en 2017, elle a soutenu le projet de retrait des États-Unis de l'accord de Paris. Les sociétés Microsoft, Procter & Gamble, Corning et Intel sont toutes membres du NAM mais parallèlement déclarent soutenir un engagement fort en faveur du climat dans le cadre de l'accord de Paris[3].

À l'échelle nationale, les grands mouvements mondiaux sont soutenus (ou non) par l'action des électeurs et l'opinion publique. Au cours des vingt dernières années, la question du dérèglement climatique n'a cessé de grimper dans la liste des priorités des électeurs[4]. C'est très bien, mais les urnes ont montré que la protection du climat n'était pas une priorité absolue. Il y a de quoi s'inquiéter. Aux États-Unis, les présidents successifs n'ont que très peu de temps pour réaliser de grands chantiers. Barack Obama, par exemple, en a fait l'expérience. Il est entré en fonction très déterminé à prendre des mesures énergiques pour lutter contre le réchauffement climatique, fort de sa majorité au sein des deux chambres du Congrès. S'il l'avait voulu, il aurait pu choisir de donner la priorité à des réformes climatiques ambitieuses et serait probablement parvenu à les faire adopter. Au lieu de cela, il a d'abord décidé de s'attaquer à la réforme du système de santé, une autre promesse de campagne et une priorité nationale. L'adoption de cette réforme sociale a épuisé une bonne partie du capital politique d'Obama, et elle a aussi créé au sein du Parti républicain un nœud de résistance farouche à ses autres initiatives, à tel point que tout ce qu'il a proposé par la suite a été bloqué. Ce n'est donc qu'au cours de son second mandat qu'il a pu se pencher sur le problème climatique. Et même alors, ce n'est qu'à travers l'exécutif en prenant des mesures réglementaires qu'il est parvenu à avancer, jamais par le processus législatif.

N'attendons pas que la situation s'aggrave. L'une de nos responsabilités les plus pressantes aujourd'hui est de nous engager à tous les niveaux du système politique et demander des comptes à tous nos représentants. Nous ne devons voter que pour des dirigeants et des représentants qui considèrent comme leur priorité absolue une action de grande envergure en matière de dérèglement climatique et qui sont prêts à agir dès le premier jour de leur entrée en fonction.

Il faut pour commencer qu'un grand nombre d'électeurs considèrent la crise climatique comme une situation d'urgence absolue. Le mal nécessite des actions immédiates. Nous devons par principe exiger de ceux qui cherchent à accéder à des postes de pouvoir qu'ils présentent des solutions à la mesure du problème. Les programmes politiques doivent tenir compte de l'état de la science et s'engager fermement en fonction des données concrètes.

Il est temps de participer à des actions politiques et non violentes dès que les conditions le permettent. En avril 2019, le groupe Extinction Rebellion, en s'appuyant sur le long travail de diverses associations et en s'unissant à d'autres militants et à des personnalités politiques, a organisé une série d'actions au niveau mondial en commençant par prendre le contrôle du centre de Londres sans violence pendant dix jours. Des milliers de personnes qui n'avaient jamais manifesté ou même signé une pétition de leur vie ont bloqué des rues en formant des chaînes humaines, et planté des arbres sur Waterloo Bridge. Il n'a alors fallu que deux mois pour que le Royaume-Uni déclare une situation d'urgence climatique, adopte l'objectif de neutralité carbone d'ici à 2050 (un plan moins ambitieux que les revendications d'Extinction Rebellion, mais quand même un grand pas en avant) et forme une assemblée citoyenne chargée d'examiner les modalités pratiques[5].

Ce genre de mouvement de résistance civile citoyenne peut être plus efficace que l'action de l'élite politique pour inciter à prendre des mesures radicales. Il ne s'agit pas d'une exception historique : c'est même uniquement par ce biais que les changements surviennent, généralement lorsque l'injustice du système a poussé la population à bout.

La désobéissance civile n'est pas seulement un choix moral, c'est aussi l'action politique la plus efficace pour changer la société[6]. Il y a peu d'exemples dans l'histoire d'une mutation politique systémique qui ait pu s'accomplir sans un grand mouvement de désobéissance civile. La participation requise peut sembler difficile à atteindre, mais elle n'est pas impossible. L'histoire a montré que si 3,5 % de la population prenait part à un mouvement de protestation non violent, alors le succès devenait inévitable[7]. Il n'y a jamais eu de mouvement non violent qui n'ait atteint ses objectifs une fois ce seuil franchi. La mobilisation nécessaire serait de 2,3 millions de personnes au Royaume-Uni ou en France, et de 11 millions aux États-Unis.

Ce taux de participation est aujourd'hui à notre portée.

L'incroyable renommée de Greta Thunberg et du mouvement Fridays for Future montre que le monde est prêt à se mobiliser[8]. L'action marquante de Greta – une grève scolaire pour le climat tous les vendredis – a frappé les esprits en entrant en résonance avec l'air du temps. Assez vite, ce processus pacifiste a enflammé et canalisé la colère de millions de jeunes dans de nombreux pays, en leur proposant des rendez-vous réguliers de lutte pour le climat. De même, en 2019, le grand mouvement de désinvestissement des capitaux (qui pousse les investisseurs à se débarrasser de leurs actifs placés dans l'énergie fossile) a reçu un bon coup de pouce le jour où le secrétaire général de l'Organisation des pays exportateurs de pétrole (OPEP) a déclaré que la mobilisation massive de l'opinion publique mondiale contre le pétrole était l'attaque la plus grave que cette industrie ait jamais eue à affronter[9]. Cette action rassemble des personnes de tous les horizons, de toutes les générations et de tous les continents. Ainsi se crée une dynamique susceptible de faire pencher un peu plus la balance vers le succès.

Nous avons bien conscience que dans les pays non démocratiques, ou même dans certaines démocraties du monde, il n'est ni toujours possible ni toujours prudent de participer à une grève scolaire pour le climat ou d'adopter les tactiques de désobéissance civile. L'important est de déterminer dans chaque contexte quelles sont les marges de manœuvre possibles pour influer sur le processus politique, et de les mettre à profit.

S'il est bien d'interpeller directement les pouvoirs publics, d'autres actions essentielles entrent dans le répertoire de l'engagement politique. Certaines entreprises et organisations professionnelles financent un lobbying destiné à empêcher l'action citoyenne pour le climat. Nous devons retirer notre consentement à ces grands groupes. Le plus simple est de voter avec son portefeuille : cessez d'acheter leurs actions et cessez d'acheter leurs produits et services quand il existe des alternatives. Parlez-en à votre banque, à votre société de gestion ou à votre établissement de crédit. Renseignez-vous pour savoir si votre argent est investi dans ces sociétés et demandez comment faire autrement si c'est le cas. Certaines institutions financières prennent déjà des mesures pour se désengager, mais d'autres n'ont peut-être pas encore suffisamment ressenti la pression de leur clientèle pour envisager sérieusement de changer leurs placements.

On doit travailler aujourd'hui avec tous les gouvernements qui sont stables et qui essaient de trouver des moyens de réagir à la crise, au lieu de chercher à les renverser. Notre responsabilité à tous est d'exercer des pressions dans le cadre des régimes déjà existants pour les pousser à prendre des mesures aussi ambitieuses et aussi rapides que possible. Tout en agissant pour obtenir les changements politiques que nous réclamons depuis trop longtemps à l'intérieur et à l'extérieur des systèmes, nous devons également avoir conscience du rôle positif que jouent les institutions dans la défense des droits fondamentaux qui nous permettent de traverser les moments difficiles ensemble. Depuis des centaines d'années – des milliers parfois – nous sommes tenus par les normes sociales imposées par nos institutions, qu'elles soient politiques, religieuses, judiciaires ou scolaires et par nos modes de communication. Certains disent, parfois avec raison, que ce sont précisément ces valeurs collectives qui nous ont freinés au cours de l'histoire. Mais il est tout aussi vrai de dire qu'elles nous ont protégés de nos pires instincts dans les moments où la violence assassine risquait de l'emporter. Gardons à l'esprit que ce sont des garde-fous bien utiles et tâchons si besoin de les protéger. Une fois nos droits perdus, il ne serait pas si facile de les retrouver.

L'humanité n'ayant jamais eu à faire face à une situation aussi grave que cette crise climatique, l'expérience ne peut pas nous indiquer comment mener les transformations politique, économique et sociale nécessaires aujourd'hui. Nous pouvons cependant nous inspirer de certains événements historiques extraordinaires. Les cas de désobéissance civile couronnés de succès sont exemplaires, que ce soient les suffragettes au début du XXe siècle, la lutte pour l'indépendance menée en Inde par Gandhi, Martin Luther King avec la lutte pour les droits civiques des années 1950 et 1960, ou la révolution des Roses de 2003 en Géorgie, pour ne citer que quelques mouvements ayant mobilisé très largement autour d'une juste cause. Un discours rassembleur et ouvert à tous, ajouté au sentiment de travailler collectivement pour changer le monde, a fait des miracles que personne n'imaginait vraiment réalisables. Comme l'a dit Nelson Mandela : « Cela semble toujours impossible jusqu'à ce qu'on l'ait fait. »

Le moment est venu de participer à la lutte contre le réchauffement climatique partout où nous le pouvons, dans nos écoles, nos entreprises, nos collectivités, nos villes et nos pays, afin d'impulser le plus grand mouvement politique de tous les temps. Il ne s'agit pas de remplacer un gouvernement ou tel ou tel responsable politique. Ce que nous recherchons, c'est l'engagement et une action politique soutenue. La situation est mûre et tous les ingrédients sont là pour le succès. Nous participons à un élan populaire formidable comme le prouvent les millions de personnes qui descendent dans les rues pour appeler à l'action. Nous voyons se mettre en place des politiques écologiques finement réfléchies et bien coordonnées dans les entreprises, les sociétés d'investissement, les villes et les pays du monde entier, qui, à l'écoute des appels de la rue, s'ouvrent au changement et prennent des mesures pour limiter le réchauffement à 1,5 °C.

Pour que la démocratie survive au XXIe siècle et qu'elle ait encore de beaux jours devant elle, elle doit relever le défi sans précédent que présente le dérèglement climatique et remporter la bataille.

Conclusion

Un nouveau récit collectif

Nous avons deux choses importantes à vous dire.

Tout d'abord, il faut savoir que même si nous nous y prenons très tard, nous pouvons encore choisir notre avenir, et donc que toutes les actions entreprises dès aujourd'hui vont compter.

Ensuite, nous sommes capables de diriger notre destin et de nous engager sur la bonne voie. Nous ne sommes pas condamnés à un avenir terrible, et nous ne sommes pas des êtres intrinsèquement mauvais et incapables de nous attaquer aux grands problèmes qui nous assaillent.

Les générations futures considéreront certainement ce moment de l'histoire comme le tournant décisif, le point précis où tout s'est joué.

Il n'empêche que le parcours ne sera pas facile. À ce stade, nous tâtonnons dans le noir, mais il n'y a pas de retour possible. Nous pouvons nous rebeller contre cette réalité, mais nous aurions tort car nous en sommes au moment de vérité, le point fort que l'on trouve au centre de tous les bons récits. Nous allons devoir nous armer d'un courage sans faille pour continuer notre mission et nous battre. L'échec n'est pas envisageable.

L'art, la littérature et l'histoire peuvent nous éclairer autant que la science. En fait, peut-être même davantage. Notre lutte contre le dérèglement climatique doit s'intégrer à un nouveau récit collectif plein du désir de se battre pour un monde meilleur.

À l'heure actuelle, on présente la crise climatique sous un jour extrêmement décourageant. Il faut trouver une nouvelle dynamique, en faire une aventure qui nous redonne l'énergie et l'envie d'agir. C'est en redonnant du désir que l'on construit l'avenir.

En octobre 1957, les Américains sidérés ont levé les yeux vers le ciel au moment où Spoutnik I, le satellite soviétique, traversait les États-Unis[1]. C'était la première mise en orbite d'un satellite au monde, un exploit réalisé par l'« ennemi » d'alors qui venait de les coiffer au poteau. En état de choc, en Pennsylvanie, au Kansas, puis dans le Colorado, les familles ont compris cette nuit-là en regardant passer cette petite lumière au-dessus d'eux que l'ennemi pouvait les voir et les surveillait. Comment le pays a-t-il réagi ? Quelques brèves années plus tard, le président Kennedy prononçait le célèbre discours dans lequel il promettait que, avant dix ans, un Américain marcherait sur la Lune, un exploit bien plus extraordinaire que d'envoyer un satellite en orbite[2]. Il lançait cette promesse sans assurance qu'elle serait réalisable, sans budget et sans calendrier précis. Il voulait reprendre la maîtrise du roman national et placer les Américains au centre d'un récit positif dont ils seraient les héros en créant de l'espoir et du désir.

Ce discours fit une peur bleue à la NASA, mais lui donna aussi un bon coup de fouet. En quelques mois, l'agence spatiale s'était complètement réorganisée pour remplir ce nouvel objectif. Les équipes se mirent au travail et redoublèrent d'efforts. L'expérience fut particulièrement enthousiasmante pour les plus jeunes : l'âge moyen de l'équipe qui lança les missions Apollo était de vingt-huit ans[3]. Ce but commun les souda fortement et redonna du sens à leur vie.

Lors de la première visite de Kennedy au centre de contrôle de mission de la NASA, il se trouva face à un agent de nettoyage dans la salle de contrôle.

« Et quel est votre rôle ici ? lui demanda Kennedy.

– Monsieur le président, j'envoie un homme sur la Lune[4]. »

Cette perspective visionnaire donnait à juste titre à cet homme l'impression de faire partie d'un grand projet. Il fallait bien que quelqu'un se charge du nettoyage : il n'aurait pas été possible d'envoyer un homme sur la Lune depuis une porcherie. Imaginez cependant ce qu'il aurait ressenti s'il avait passé le balai dans la salle de contrôle d'une agence spatiale qui, ayant été dépassée par son rival, s'était résignée à son sort d'éternel second. Il ne devait sa motivation qu'à l'élan commun.

Pensons aussi à ce qui est arrivé au Royaume-Uni lors du Blitz en 1941. Jusqu'en 1939, le pays était resté divisé sur l'attitude à adopter face à Hitler. Le Premier ministre

Neville Chamberlain s'accrochait à une politique d'apaisement, et il était en cela massivement suivi par l'opinion publique. La Première Guerre mondiale était encore très présente dans les esprits et beaucoup de Britanniques faisaient tout pour se cacher la vérité et ne pas voir que Hitler était un tyran agressif et expansionniste qui ne reculerait devant rien pour conquérir l'Europe. Chamberlain finit par démissionner, et Churchill fut mis à la tête du gouvernement à sa place. Churchill a laissé de nombreux souvenirs, pas tous bons, mais son exploit le plus remarquable au début du conflit fut de graver dans les esprits un nouveau roman national pour préparer ses concitoyens aux difficultés à venir. Une île seule face à l'ennemi. L'heure de gloire. Une génération de héros qui combattrait sur les plages, par les champs et par les rues. Un pays qui jamais ne se rendrait.

D'innombrables témoignages de cette époque nous ont confirmé mille et mille fois que le sentiment de l'effort commun animait toutes leurs actions, des aviateurs pendant la bataille d'Angleterre jusqu'aux cultivateurs amateurs qui travaillaient leurs jardins et les espaces verts pour produire des légumes destinés à la consommation commune. La simple tâche d'arracher les pommes de terre devint un acte patriotique, une façon de soutenir les êtres chers partis se battre au loin sur le front, et de faire un pas vers une victoire qu'ils appelaient de tous leurs vœux.

Au moment de l'accord de Paris, l'idée qui a prévalu très longtemps était que la crise climatique était trop compliquée, et qu'il était impossible de trouver un terrain d'entente entre tous les pays parce que la structure de l'ONU ne permettait pas de s'entendre. Les négociations étaient alourdies par des milliers d'intervenants qui expliquaient tous en grand détail pendant des heures pourquoi il n'y avait absolument aucun moyen de se sortir du casse-tête des négociations pour atteindre un accord. Le plus difficile pour nous fut de changer cet état d'esprit, une étape pourtant essentielle. Entre l'échec de Copenhague et l'apothéose de Paris, un véritable effet boule de neige a permis de changer l'état d'esprit général.

Au départ, il n'y a eu que quelques convaincus, mais peu à peu des milliers de personnes ont compris qu'il était possible de progresser et que tous avaient un rôle important à jouer. Plus les pays s'engageaient, plus les gens commençaient à croire un accord possible. Le prix des panneaux solaires a alors chuté, des villes ont pris des engagements importants, des citoyens sont descendus dans la rue, des entreprises ont lancé des actions, des investisseurs ont fait passer leurs capitaux de l'énergie fossile à l'énergie verte, et la liste est encore longue. Toutes ces étapes ont mené à un autre récit, à une autre façon d'envisager les événements.

Aujourd'hui, alors que la planète est en péril et qu'elle a atteint la limite de ses capacités à régénérer la vie telle que nous la connaissons, les récits dominants doivent changer. Les mythes de la réussite personnelle à travers l'esprit de compétition et l'individualisme, ou de la nécessité d'une consommation continue, le scepticisme quant aux capacités de l'humanité à s'unir et à ouvrir les yeux sur les impacts profonds de notre mode de vie sur la planète, tout cela ne nous sert plus à rien.

Il est temps de commencer à comprendre que nous vivons ensemble sur la Terre et que nous devons la partager, non seulement parce que c'est une idée généreuse, mais aussi parce que c'est une question de vie ou de mort. Comparée à la conquête de la Lune lancée par les États-Unis, ou à la volonté de vaincre Hitler au Royaume-Uni, notre quête actuelle d'un avenir régénérateur met en jeu des processus infiniment plus complexes et porte un espoir encore plus important.

Ce n'est plus la quête d'un seul pays. C'est celle de tous les pays et de tous les peuples ; quelle que soit la complexité de nos cultures et nos différences, nous partageons fondamentalement ce qu'il y a de plus important : le désir de construire un monde meilleur pour tous, aujourd'hui, et pour les générations à venir.

Imaginez, juste un instant, que nous puissions créer notre monde idéal. Cela peut sembler irréaliste, utopique, même, mais puisque la survie de l'espèce est en jeu, nous pensons que nos chances de nous mobiliser tous pour sauver l'humanité n'ont jamais été aussi grandes. Nous sommes capables de relever ce défi. Nous saurons d'ici à seulement quelques années si nous avions raison.

Avec ce livre, nous avons commencé à tisser notre nouveau récit mondial.

Ensemble, nous pouvons repenser totalement notre place dans le monde. Nous avons la chance extraordinaire, nous les êtres humains, d'être nés sur cette planète à un moment si profondément lourd de sens.

Quand nos enfants, et leurs enfants après eux, nous regarderont dans les yeux et nous demanderont « Et vous avez fait quoi ? », qui n'aura pas honte de répondre que nous avons seulement fait de notre mieux ?

Il faut viser plus haut. Nous devons pouvoir répondre : « Nous avons fait tout ce qui était nécessaire ! »

Alors commençons dès aujourd'hui à bâtir le récit d'une génération qui n'a pas flanché devant des obstacles en apparence insurmontables et qui ne s'est pas avouée vaincue malgré de multiples revers. Écrivons l'histoire d'une génération qui a pris ses responsabilités au sérieux et qui, alors qu'elle était au bord du gouffre, a choisi de ne pas abandonner la partie. Une génération qui a fait tout ce qui était nécessaire pour sortir de la crise tout en retrouvant l'importance de la relation aux autres, et du lien avec les systèmes naturels indispensables à la survie de l'humanité.

Que ce soit le récit d'une grande aventure parsemée de difficultés épiques.

Une histoire qui finit bien,

Parce qu'elle aura offert une existence régénérée à tous.

COMMENT PUIS-JE AGIR DÈS MAINTENANT ?

Plan d'action pour concrétiser
notre vision d'un monde régénérateur.

Dans l'immédiat

- Respirez un bon coup, dites-vous que nous y arriverons si nous agissons tous ensemble, et que vous avez votre rôle à jouer. Vous serez un porteur d'espoir, l'un des pionniers qui guideront l'humanité dans ces heures sombres. Dès cette seconde, vous chassez le défaitisme, et vous pensez tactique.
- Décidez de vous mêler de la vie politique de votre pays. Vous soutiendrez activement et voterez pour les candidats qui connaissent les dossiers et veulent agir pour réduire les émissions. Vous ne vous laisserez pas piéger par les discours nostalgiques. Voilà votre priorité politique numéro un pour les dix années à venir.

- Prenez l'engagement de diminuer de plus de la moitié votre impact climatique d'ici à 2030. Visez plutôt 60 %. Même si vous ne savez pas encore exactement comment tenir cet engagement, que cela ne vous empêche pas de le prendre. Comme tout le monde, les idées vous viendront en cours de route.

Aujourd'hui ou demain

- Cherchez quelle est la position de votre député sur le dérèglement climatique et écrivez-lui une lettre. Parlez-lui des engagements que vous avez pris sur le plan personnel, et dites-lui que vous serez attentif à ses actes.
- Devenez végétarien au moins un jour par semaine, et fixez des dates pour supprimer la viande de vos repas encore plus souvent par la suite.
- Déterminez d'où vient la plus grosse part de vos émissions carbone. Fixez-vous un objectif ambitieux pour réinventer un monde régénérateur.
- Parlez de votre engagement autour de vous, de vive voix ou sur les réseaux sociaux. Osez convaincre ! Faites des émules. Votre exemple motivera les autres.

Cette semaine

- Faites l'exercice à plusieurs – avec une ou un partenaire, vos enfants, les amis que vous aurez convaincus de vous suivre et de réduire leurs émissions de plus de la moitié. C'est plus agréable de préserver ainsi la vie sur terre. Il n'est pas interdit de s'amuser.

- Commencez par quelques actions à long terme auxquelles vous vous tiendrez, cela vous donnera une dynamique. Pour réduire vos dépenses énergétiques quotidiennes, faites du vélo au lieu de prendre la voiture, choisissez une électricité 100 % verte en changeant de fournisseur d'énergie. Toutes ces mesures sont bonnes et nécessaires. Concentrez-vous sur ce que vous pouvez accomplir tout en vous rappelant qu'il reste encore beaucoup de chemin à parcourir.
- Sortez de chez vous et admirez la nature. Le monde est malade et en danger, mais il est encore très beau et intact par endroits. Retrouvez des plaisirs que vous avez peut-être oubliés – les bourgeons qui s'ouvrent au printemps ou le givre sur les feuilles mortes en hiver. Prenez conscience de tout ce que nous devons à la Terre pour sa générosité et sa beauté.

Ce mois-ci

- Renseignez-vous pour savoir qui, près de chez vous, organise des actions politiques pour le climat. Allez aux réunions, rencontrez des gens qui s'engagent. Descendez dans la rue, manifestez ! Comprenez combien il est extraordinaire de voir tous ces petits groupes se réunir pour changer le monde.

- Entamez le dialogue avec quelqu'un qui n'agit pas encore contre le réchauffement climatique. Il faut d'abord comprendre où cette personne en est, se mettre à sa place, et trouver les arguments qu'elle peut entendre pour la pousser vers une prise de conscience.
- Mettez en œuvre votre plan d'action : décidez ce que vous ferez cette année. Demandez-vous ce que cela changera pour votre famille et par quoi vous allez commencer.
- Changez votre mode de consommation. Réfléchissez à ce que vous achetez, et demandez-vous si vous en avez vraiment besoin. Remettez en cause votre réflexe de vouloir posséder toujours plus, essayez d'acheter moins et éprouvez l'effet libérateur que cela procure.
- Pratiquez la pleine conscience en vous ouvrant par exemple à la gratitude. Pas forcément longtemps. Quelques minutes par jour suffisent. Apprenez à créer une respiration, un espace tampon entre le monde et vous.
- Plantez des arbres. En aussi grand nombre que possible. Vous trouverez certainement près de chez vous des groupes qui organisent des plantations. Allez participer dès que cela vous est possible, et sinon donnez ce que vous pouvez à d'autres pour leur permettre de continuer.
- Prenez conscience de votre chance et de vos privilèges et servez-vous de ce qui vous a été donné en luttant pour l'égalité des chances et une société plus juste.

Cette année

- Mettez l'action politique au cœur de votre quotidien. Saisissez toutes les occasions de vous battre collectivement pour faire avancer la cause du climat. Cela vous donnera de l'énergie et vous montrera que vous faites partie d'un grand effort commun. Participez régulièrement à des actions non violentes de désobéissance civile si vous en avez la possibilité là où vous vivez. Votez !!!
- Persévérez. Vous aurez probablement adopté un fournisseur d'énergie 100 % renouvelable, repensé votre mode de transport quotidien, vos trajets en avion et votre régime alimentaire. Si vous l'avez fait la première année, il n'y a pas de raison que vous n'y arriviez pas tous les ans. Et c'est formidable. Vous pouvez vous en féliciter.

En 2030

- Constatez la réussite de votre plan de réduction de vos émissions de plus de la moitié. Bravo, il faut fêter ça !
- Donnez de l'argent pour planter des arbres : ce sera le symbole du chemin qui vous reste à parcourir. Quoi qu'il arrive, c'est une bonne chose. Les arbres font du bien au climat et la Terre en a besoin.
- Faites le point sur les candidats pour lesquels vous avez voté lors des élections régionales et nationales pour véri-

fier la cohérence avec vos priorités et parlez-en autour de vous.
- Continuez sur votre lancée et ne perdez pas vos nouvelles habitudes.
- Poussez vos proches, votre famille, vos amis à se préoccuper du climat.
- Planifiez une nouvelle réduction de plus de 50 % de vos émissions pour 2040.

Avant 2050

- Vous êtes arrivé à l'objectif zéro émission. Vous faites partie de la génération qui a sauvé la planète !

Les auteurs

Nous sommes bons amis et compagnons de route sur cette Terre, mais différents à bien des égards. Tout d'abord, nous ne sommes pas issus de la même période géologique. Christiana est née en 1956 à la fin de l'Holocène, une ère de 12 000 ans caractérisée par un climat stable favorable au développement de l'humanité, et Tom a vu le jour en 1977, à l'heure où commençait l'Anthropocène – synonyme de destruction par cette même humanité des conditions lui permettant de prospérer.

Ensuite, nous sommes aux antipodes sur la carte géopolitique : Christiana est originaire du Costa Rica, petit pays émergent qui fait depuis longtemps figure de modèle pour son développement économique soucieux de l'environnement, et Tom du Royaume-Uni, cinquième économie mondiale et berceau de la révolution industrielle, qui l'a rendue dépendante du charbon.

Christiana vient d'une famille profondément engagée en politique, née de parents émigrés des deux côtés. Son père, élu par trois fois président du pays, est considéré comme le père du Costa Rica moderne. Il a non seulement initié certaines des politiques environnementales les plus révolutionnaires du monde, mais il reste aussi le seul chef d'État à avoir supprimé l'armée de son pays. Tom, lui, vient d'une très vieille famille britannique, profondément implantée dans le secteur privé. Il est le descendant direct du fondateur de la Compagnie des Indes orientales, à une époque où c'était la seule entreprise mondiale à disposer d'une armée privée. Dans ses tout premiers souvenirs, il aide son père géologue pétrolier à chercher de l'or noir.

Christiana est mère de deux filles adultes et Tom a deux enfants de moins de dix ans, une fille et un garçon.

Nous aurions pu ne pas nous entendre, mais il se trouve que nous avons en commun une préoccupation de tous les instants pour l'avenir des enfants, les nôtres comme les vôtres. En 2013, nous avons décidé de travailler ensemble à construire un monde meilleur pour tous les enfants du monde.

De 2010 à 2016, Christiana a été la secrétaire de la Convention-cadre des Nations unies sur les changements climatiques (CCNUCC), l'organisme chargé de guider tous les États dans les mesures à prendre contre le réchauffement climatique. En acceptant cette haute fonction juste après la débâcle de la COP15 de Copenhague en 2009, Christiana démontrait son refus de croire qu'un accord mondial était impossible.

En 2013, elle a entendu parler de Tom, ancien moine bouddhiste, qui à l'époque était le président-directeur général de Carbon Disclosure Project U.S.A. (CDP). Intriguée par ce parcours hors normes, elle l'a invité à New York pour un entretien informel, en vue de lui proposer le poste de conseiller politique. À l'issue d'une promenade dans Manhattan qui dura une bonne partie de la journée, Christiana s'est tournée vers

Tom et lui a dit : « Il est clair que vous n'avez pas l'expérience nécessaire pour ce poste. Mais vous avez quelque chose de beaucoup plus important : l'humilité nécessaire pour générer une forme de bon sens collectif, et le courage pour travailler au cœur d'un système d'une complexité inimaginable. »

Et c'est ainsi que Tom a intégré l'ONU, en tant que responsable de la politique stratégique des négociations préalables à la COP21 de Paris. Il y a notamment conçu et piloté un plan d'action resté confidentiel, The Groundswell Initiative (la « lame de fond »), grâce auquel il s'est assuré le soutien d'un grand nombre de personnes qui se situaient en dehors des gouvernements mais avaient la capacité de les influencer. Quelques années plus tard, l'accord international sur le climat le plus ambitieux de l'histoire était enfin signé.

Le 12 décembre 2015 à 19 h 25, quand le coup de marteau final a entériné l'adoption de l'accord de Paris, les cinq mille délégués qui attendaient dans l'angoisse depuis des heures se sont levés dans un élan de joie, se félicitant de ce moment historique. 195 pays venaient d'approuver à l'unanimité un texte qui allait guider leurs politiques économiques pendant les quarante années à venir. Une nouvelle perspective mondiale s'ouvrait pour la transition écologique.

Mais à elles seules les perspectives ne suffisent pas : il faut avancer. L'humanité procrastine depuis bien trop longtemps face à l'urgence climatique – nous ne pouvons plus nous contenter de faire quelques pas dans la bonne direction, il est grand temps de nous mettre à courir. Ce livre vous donne les différentes étapes de ce marathon. Il nous reste à espérer que vous le ferez à nos côtés.

Remerciements

Nous tenons tout d'abord à remercier nos proches et mentors qui ont contribué à façonner la manière dont nous voyons le monde. Parmi eux José Figueres Ferrer, Kofi Annan, Thich Nhat Hanh, Bee Rivett-Carnac, Nigel Topping, Antony Turner, Paul Dickinson, Fraser Durham, Howard et Sue Lamb, Vivienne et Michael Zammit Cutajar, sœur True Dedication, frère Phap Lai et frère Phap Linh.

Ce livre est, à bien des égards, le résultat du travail mené par toutes les personnes qui ont élaboré l'accord de Paris de 2015, et des nombreux efforts réalisés depuis afin de relever les défis de notre époque.

Un grand nombre de conseillers et d'amis de confiance nous ont aidés de manière très concrète à développer et affiner les idées défendues dans ce livre. Nous les remercions pour leur relecture attentive et leurs conseils avisés, tout particulièrement Natasha Rivett-Carnac, Jesse Abrams, Stephanie Antonian, Rosina Birbaum, Amanda Eichel, Nick Foster, Thomas Friedman, Sarah Goodenough, Callum Grieve, Dave Hicks, Andrew Higham, John Holdren, Sarah Hunter, Merlin Hyman, Raj Joshi, Andy Karsner, Satish Kumar, Graham

Leicester, Lindsay Levin, Thomas Lingard, Thomas Lovejoy, Mark Lynas, Michael Mann, Marina Mansilla Hermann, Mark Maslin, Bill McKibben, Jennifer Morgan, Jules Peck, Matthew Phillips, Brooks Preston, Shyla Raghav, Chloe Revill, Mike Rivett-Carnac, Bill Sharpe, Nicholas Stern, Betsy Taylor, Anne Topping, Patrick Verkooijen, Daniel Wahl, Steve Waygood, Martin Weinstein, et Kerem Yilmaz. Et un énorme merci à Zoe Tcholak-Antich, Lauren Hamlin et Victoria Harris.

De nombreux amis et collègues nous ont accompagnés dans cette aventure, autant dans l'élaboration de l'accord de Paris que dans les étapes essentielles qui en découlent, et que le monde franchit pour faire face à la crise climatique et choisir un avenir meilleur. Cette liste est vaste, et il nous serait impossible de mentionner tout le monde, mais nous tenons à citer ici Alejandro Agag, Lorena Aguilar, Fahad Al Attiya, Ken Alex, Ali Al-Naimi, Carlos Alvarado Quesada, Christiane Amanpour, Chris Anderson, Mats Andersson, Monica Araya, John Ashford, David Attenborough, AURORA, Mariana Awad, Peter Bakker, Vivian Balakrishnan, Ajay Banga, Greg Barker, Ecumenical Patriarch Bartholomew, Nicolette Bartlett, Oliver Bäte, Kevin Baumert, Marc Benioff, Jeff Bezos, Dean Bialek, Sue Biniaz, Fatih Birol, Michael Bloomberg, May Boeve, Gail Bradbrook, Piers Bradford, Richard Branson, Jesper Brodin, Tom Brookes, Jerry Brown, Sharan Burrow, Felipe Calderon, Kathy Calvin, Mark Campanale, Miguel Arias Cañete, Mark Carney, Clay Carnill, Andrea Correa do Lago, Anne-Sophie Cerisola, Robin Chase, Sagarika Chatterjee, Tomas Anker Christensen, Pilita Clark, Helen Clarkson, Jo Confino, Aron Cramer, David Crane, John Danilovich, Conyers Davis, Tony de Brum, Bernaditas de Castro Muller, Brian Deese, Claudio Descalzi,

Leonardo DiCaprio, Paula DiPerna, Elliot Diringer, Sandrine Dixson Decleve, Ahmed Djoghlaf, Claudia Dobles Camargo, Alister Doyle, José Manuel Entrecanales, Hernani Escobar, Patricia Espinosa, Emmanuel Faber, Nathan Fabian, Laurent Fabius, Emily Farnworth, Daniel Firger, James Fletcher, Pope Francis, Gail Gallie, Grace Gelder, Kristalina Georgieva, Cody Gildart, Jane Goodall, Al Gore, Kimo Goree, Ellie Goulding, Mats Granryd, Jerry Greenfield, Ólafur Grímsson, Sally Grover Bingham, Emmanuel Guerin, Kaveh Guilanpour, Stuart Gulliver, Angel Gurria, Antonio Guterres, William Hague, Thomas Hale, Brad Hall, Winnie Hallwachs, Simon Hampel, Kate Hampton, Yuval Noah Harari, Jacob Heatley-Adams, Julian Hector, Hilda Heine, Ned Helme, Barbara Hendricks, Jamie Henn, Anne Hidalgo, François Hollande, Emma Howard Boyd, Stephen Howard, Arianna Huffington, Kara Hurst, Mo Ibrahim, Jay Inslee, Natalie Isaacs, Maria Ivanova, Lisa Jackson, Lisa Jacobson, Dan Janzen, Michel Jarraud, Sharon Johnson, Kelsey Juliana, Yolanda Kakabadse, Lila Karbassi, Iain Keith, Mark Kenber, John Kerry, Sean Kidney, Jim Kim, Ban Ki-moon, Lise Kingo, Richard Kinley, Sœur Jayanti Kirpalani, Isabelle Kocher, Caio Koch-Weser, Marcin Korolec, Larry Kramer, Kalee Kreider, Kishan Kumarsingh, Rachel Kyte, Christine Lagarde, Philip Lambert, Dan Lashof, Penelope Lea, Guilherme Leal, Bernice Lee, Jeremy Leggett, Thomas Lingard, Andrew Liveris, Hunter Lovins, Mindy Lubber, Miguel Ángel Mancera Espinosa, Gina McCarthy, Stella McCartney, Bill McDonouh, Catherine McKenna, Sonia Medina, Bernadette Meehan, Johannes Meier, Maria Mendiluce, Antoine Michon, David Miliband, Ed Miliband, Amina Mohammed, Jennifer Morris, Tosi Mpanu-Mpanu,

Nozipho Mxakato-Diseko, Kumi Naidoo, Nicole Ng, Maite Nkoana-Mashabane, Indra Nooyi, Michael Northrop, Tim Nuthall, Bill Nye, Jean Oelwang, Rafe Offer, Ngozi Okonjo-Iweala, Hindou Oumarou Ibrahim, Kevin O Hanlon, René Orellana, Ricken Patel, Jose Penido, Charlotte Pera, Jonathan Pershing, Stephen Petricone, Stephanie Pfeifer, Shannon Phillips, Bertrand Piccard, François-Henri Pinault, John Podesta, Paul Polman, Ian Ponce, Carl Pope, Jonathon Porritt, Patrick Pouyanne, Manuel Pulgar Vidal, Tracy Raczek, Jairam Ramesh, Curtis Ravenell, Robin Reck, Geeta Reddy, Dan Reifsnyder, Fiona Reynolds, Ben Rhodes, Alex Rivett-Carnac, Chris Rivett-Carnac, Nick Robins, Jim Robinson, Mary Robinson, Cristiam Rodriguez, Matthew Rodriguez, Kevin Rudd, Mark Ruffalo, Artur Runge-Metzger, Karsten Sach, Claudia Salerno Caldera, Fredric Samama, Richard Samans, M. Sanjayan, Steve Sawyer, Jerome Schmitt, Kirsty Schneeberger, Seth Schultz, Klaus Schwab, Arnold Schwarzenegger, Jeff Seabright, Maros Sefcovic, Leah Seligmann, Peter Seligmann, Oleg Shamanov, Kevin Sheekey, Feike Sijbesma, Nat Simons, Paul Simpson, Michael Skelly, Erna Solberg, Andrew Steer, Achim Steiner, Todd Stern, Tom Steyer, Irene Suárez, Mustafa Suleyman, Terry Tamminen, Ratan Tata, Astro Teller, Tessa Tenant, Halldór Thorgeirsson, Greta Thunberg, Svante Thunberg, Susan Tierney, Halla Tomasdottir, Laurence Tubiana, Keith Tuffley, Jo Tyndall, Hamdi Ulukaya, Gino van Begin, Ben van Beurden, Andy Vesey, Mark Watts, Dominic Waughray, Meridith Webster, Scott Weiner, Helen Wildsmith, Antha Williams, Dessima Williams, Mark Wilson, Justin Winters, Martin Wolf, Farhana Yamin, Zhang Yue, Mohammed Yunus, Jochen Zeitz et Xie Zhenhua.

Nous remercions chacun de nos exceptionnels collègues au secrétariat de la Convention-cadre des Nations unies sur les changements climatiques, le personnel de sécurité des Nations unies, toujours rigoureux, et l'équipe exemplaire de Mission 2020.

Ce livre n'aurait pas été possible sans le travail remarquable des éditeurs de Knopf et de Bonnier, avec lesquels nous avons le privilège de travailler : Erroll McDonald et Margaret Stead, ainsi que leurs équipes.

Après deux années à envisager l'écriture de ce livre sans grand progrès, notre rencontre avec Doug Abrams en septembre 2018 a été déterminante. Avec toute l'équipe d'Idea Architects, ils ont transformé notre manière de voir les choses et ont donné vie à ce projet. Notre livre doit sa naissance à cette équipe avant tout et, aux côtés de Doug, à Lara Love et son talent pour les mots, ainsi qu'à Ty Gideon Love et son efficacité redoutable.

Nous témoignons notre gratitude à Caspian Dennis, Sandy Violette, à toute l'équipe d'Abner Stein, ainsi qu'à Camilla Ferrier, Jemma McDonagh et toute l'équipe de Marsh Agency.

Enfin, nous ne pouvons clore ces remerciements sans mentionner nos familles et amis proches qui nous ont soutenus tout au long de l'écriture de ce livre. Les quelques mois dédiés véritablement à l'écriture ont été intenses, marqués par d'importants événements, chargés en tristesse mais aussi en joie. Parmi ceux-ci, le décès de deux frères de Christiana, Mariano et Martí, de la belle-mère de Tom, Irene Walter, et du père de Doug, Richard Abrams ; mais aussi le mariage de la fille de Christiana, Yihana. Nous sommes profondément reconnaissants envers nos proches, dont le soutien tout au long de cette période a été sans faille, en particulier Naima Ritter, Yihana Ritter, Kirsten Figueres, Mariano Figueres, Chaco Delgado, David Hall, Ron Walter, Diana Strike, Sara Rivett-Carnac et Natasha Rivett-Carnac.

Vous êtes notre passé, notre présent et notre futur.

Notes

Introduction : la décennie critique

1. Charles Keeling, « The Concentration and Isotopic Abundances of Carbon Dioxide in the Atmosphere », *Tellus* 12, n° 2 (1960), p. 200-203, https://onlinelibrary.wiley.com/doi/epdf/10.1111/j.2153-3490.1960.tb01300.x. L'institut d'océanographie Scripps à l'université californienne de Davis conserve les registres de la concentration de dioxyde de carbone dans l'atmosphère depuis 1958, et met régulièrement à jour la courbe de Keeling : https://scripps.ucsd.edu/programs/keelingcurve/.

2. David Neild, « This Map Shows Where in the World Is Most Vulnerable to Climate Change », *Science Alert*, 19 février 2016, https://www.sciencealert.com/this-map-shows-the-parts-of-the-world-most-vulnerable-to-climate-change.

3. Ces deux articles expliquent bien les faits scientifiques et contiennent des graphiques utiles : D. Piepgrass, « How Could Global Warming Accelerate If CO_2 Is "Logarithmic" ? », *Skeptical Science*, 28 mars 2018, https://skeptical science. com/why-global-warming-can-accelerate.html ; Aarne Granlund, « Three Things We Must Understand About Climate Breakdown », *Medium*, 30 août 2017, https://medium.com/@aarnegranlund/three-things-we-dont-understand-about-climate-change-c59338a1c435.

4. Neild, « This Map Shows Where in the World Is Most Vulnerable to Climate Change ».

5. Comme au Royaume-Uni et aux États-Unis, par exemple : Sandra Laville, « Two-thirds of Britons Want Faster Action on Climate, Poll Finds », *Guardian* (édition américaine), 19 juin 2019, https://www.theguardian.com/environment/2019/jun/19/britons-want-faster-action-climate-poll ; Valerie Volcovici, « Americans Demand Climate Action (As Long As It Doesn't Cost Much) : Reuters Poll », *Reuters*, 26 juin 2019, https://www.reuters.com/article/us-usa-election-climatechange/americans-demand-climate-action-reuters-poll-idUSKCN1TR15W.

6. Elizabeth Howell, « How Long Have Humans Been on Earth ? », *Universe Today*, 19 janvier 2015, https://www.universetoday.com/38125/how-long-have-humans-been-on-earth/ ; Chelsea Harvey, « Scientists Say That 6,000 Years Ago, Humans Dramatically Changed How Nature Works », *Washington Post*, 16 décembre 2015, https://www.washingtonpost. com/news/energy-environment/wp/2015/12/16/humans-dramatically-changed-how-nature-works-6000-years-ago/.

7. Margherita Giuzio, Dejan Krusec, Anouk Levels, Ana Sofia Melo, *et al.*, « Climate Change and Financial Stability », *Financial Stability Review*, mai 2019, https://www.ecb.europa.eu/pub/financial-stability/fsr/special/html/ecb.fsrart201905_1~47cf778cc1.en.html.

8. Megan Mahajan, « Plunging Prices Mean Building New Renewable Energy Is Cheaper Than Running Existing Coal », *Forbes*, 3 décembre 2018 (mis à jour le 6 mai 2019), https://www.forbes.com/sites/energy innovation/2018/12/03/plunging-prices-mean-building-new-renewable-energy-is-cheaper-than-running-existing-coal/#61a0db2631f3.

9. Fossil Free, « What Is Fossil Fuel Divestment ? », https://gofossilfree.org/divestment/what-is-fossil-fuel-divestment/.

10. Chris Flood, « Climate Change Poses Challenge to Long-Term Investors », *Financial Times*, 22 avril 2019, https://www.ft.com/content/992ba12a-c02a-3bca-b947-0e2fbc5e91b7.

Notes

I. Deux mondes

1. Choisir notre avenir

1. Pour en savoir plus sur les périodes glaciaires, voir par exemple Michael Marshall, « The History of Ice on Earth », *New Scientist*, 24 mai 2010, https://www. new scientist.com/article/dn18949-the-history-of-ice-on-earth/.

2. The world's population is expected to hit 9.8 billion by 2050. United Nations Department of Economic and Social Affairs, « Growing at a Slower Pace, World Population Is Expected to Reach 9.7 Billion in 2050 and Could Peak at Nearly 11 Billion around 2100 », 17 juin 2019, https://www.un.org/development/desa/en/news/population/world-population-prospects-2019.html.

3. Daniel Christian Wahl, « Learning from Nature and Designing as Nature : Regenerative Cultures Create Conditions Conducive to Life », Biomimicry Institute, 6 septembre 2016, https://biomimicry.org/learning-nature-designing-nature-regenerative-cultures-create-conditions-conducive-life/.

4. La révolution industrielle et le boom des énergies fossiles ont tout changé. Pour en savoir plus sur les périodes glaciaires, voir History.com, « Industrial Revolution », 1er juillet 2019 (mis à jour le 9 septembre 2019), https://www.history.com/topics/industrial-revolution/industrial-revolution pour une histoire de la révolution industrielle ; et Hannah Ritchie and Max Roser, « Fossil Fuels », Our World in Data, https://ourworldindata.org/fossil-fuels, pour le développement des énergies fossiles.

5. National Aeronautics and Space Administration, « Changes in the Carbon Cycle », NASA Earth Observatory, June 16, 2011, https://earth observatory. nasa.gov/features/CarbonCycle/page4.php.

6. Rémi d'Annunzio, Marieke Sandker, Yelena Finegold et Zhang Min, « Projecting Global Forest Area Towards 2030 », *Forest Ecology and Management* 352, 2015, p. 124-33, https://www.sciencedirect.com/science/article/pii/S0378112715001346 ; John Vidal, « We Are Destroying Rainforests So Quickly They May Be Gone in 100 Years », *Guardian* (édition américaine), 23 janvier 2017, https://www.the guardian.com/global-development-professionals-network/2017/jan/23/destroying-rainforests-quickly-gone-100-years-deforestation.

7. Josh Gabbatiss, « Earth Will Take Millions of Years to Recover from Climate Change Mass Extinction, Study Suggests », *Independent*, 8 avril 2019, https://www.independent.co.uk/environment/mass-extinction-recovery-earth-climate-change-biodiversity-loss-evolution-a8860326.html.

8. Richard Gray, « Sixth Mass Extinction Could Destroy Life as We Know It – Biodiversity Expert », *Horizon*, 4 mars 2019, https://horizon-magazine.eu/article/sixth-mass-extinction-could-destroy-life-we-know-it-biodiversity-expert.html ; Gabbatiss, « Earth Will Take Millions of Years ».

9. LuAnn Dahlman et Rebecca Lindsey, « Climate Change : Ocean Heat Content », Climate.gov, 1 août 2018, https://www.climate.gov/news-features/understanding-climate/climate-change-ocean-heat-content.

10. Lauren E. James, « Half of the Great Barrier Reef Is Dead », *National Geographic*, août 2018, https://www.national geographic.com/magazine/2018/08/explore-atlas-great-barrier-reef-coral-bleaching-map-climate-change/.

11. T. Schoolmeester, H. L. Gjerdi, J. Crump, *et al.*, *Global Linkages : A Graphic Look at the Changing Arctic, Rev. 1* (Nairobi and Arendal : UN Environment and GRID-Arendal, 2019), http://www.grida.no/publications/431.

12. National Aeronautics and Space Administration, « As Seas Rise, NASA Zeros In : How Much ? How Fast ? », 3 août 2017, https://www.nasa.gov/goddard/risingseas.

13. Joseph Stromberg, « What Is the Anthropocene and Are We in It ? », *Smithsonian*, janvier 2013, https://www.smithsonianmag.com/science-nature/what-is-the-anthropocene-and-are-we-in-it-164801414/.

14. Pour plus d'informations à ce sujet, voir Darrell Moellendorf, « Progress, Destruction, and the Anthropocene », *Social Philosophy and Policy* 34, n° 2, 2017, p. 66-88. Voir aussi le documentaire *Anthropocene : The Human Epoch*, 2018, https://theanthropocene.org/film/.

15. Pour plus d'informations à ce sujet, voir Intergovernmental Panel of Climate Change, « Special Report : Global Warming of 1.5 °C », 2018, https://www.ipcc. ch/sr15/.

16. Nebojsa Nakicenovic et Rob Swart (éd.), *Special Report on Emissions Scenarios,* Cambridge (UK), Cambridge University Press, 2000, https://www.ipcc.ch/report/emissions-scenarios/.

2. Le monde que nous créons

1. Department of Public Health, Environmental and Social Determinants of Health, World Health Organization, « Ambient Air Pollution : Health Impacts », https://www.who.int/airpollution/ambient/health-impacts/en/.

2. Greenpeace Southeast Asia, « Latest Air Pollution Data Ranks World's Cities Worst to Best », 5 mars 2019, https://www.greenpeace.org/southeastasia/press/679/latest-air-pollution-data-ranks-worlds-cities-worst-to-best/.

3. « Cloud Seeding », ScienceDirect, https://www.sciencedirect.com/topics/earth-and-planetary-sciences/cloud-seeding.

4. Voir Christina Nunez, « Acid Rain Explained », *National Geographic*, 28 février 2019, https://www.nationalgeographic.com/environment/global-warming/acid-rain/.

5. Heather Smith, « Will Climate Change Move Agriculture Indoors ? And Will That Be a Good Thing ? », Grist, 3 février 2016,

https://grist.org/food/will-climate-change-move-agriculture-indoors-and-will-that-be-a-good-thing/.

6. Johan Rockström, « Climate Tipping Points », Global Challenges Foundation, https://www.globalchallenges.org/en/our-work/annual-report/climate-tipping-points.

7. Voir David Wallace-Wells, *The Uninhabitable Earth : Life After Warming*, New York, Tim Duggen Books, 2019.

8. Great Barrier Reef Marine Park Authority, « Climate Change », 2018, http://www.gbrmpa.gov.au/our-work/threats-to-the-reef/climate-change.

9. Aylin Woodward, « One of Antarctica's Biggest Glaciers Will Soon Reach a Point of Irreversible Melting », *Business Insider France*, 9 juillet 2019, http://www.businessinsider.fr/us/antarctic-glacier-on-way-to-irreversible-melt-2019-7.

10. Roz Pidcock, « Interactive : What Will 2C and 4C of Warming Mean for Sea Level Rise ? », Carbon Brief, 11 septembre 2015, https://www.carbonbrief.org/interactive-what-will-2c-and-4c-of-warming-mean-for-global-sea-level-rise ; Josh Holder, Niko Kommenda, and Jonathan Watts, « The Three-Degree World : The Cities That Will Be Drowned by Global Warming », *The Guardian* (édition américaine), 3 novembre 2017, https://www.theguardian.com/cities/ng-interactive/2017/nov/03/three-degree-world-cities-drowned-global-warming.

11. United Nations Climate Change News, « Climate Change Threatens National Security, Says Pentagon », 14 octobre 2014, https://unfccc.int/news/climate-change-threatens-national-security-says-pentagon. For more useful resources, voir l'American Security Project, « Climate Security Is National Security », https://www.american security project.org/climate-security/.

12. Polar Science Center, « Antarctic Melting Irreversible in 60 Years », http://psc.apl.uw.edu/antarctic-melting-irreversible-in-60-years/.

13. Ocean Portal Team, « Ocean Acidification », Smithsonian Institute, avril 2018, https://ocean.si.edu/ocean-life/invertebrates/ocean-acidification.

14. Chang-Eui Park, Su-Jong Jeong, Manoj Joshi, *et al.*, « Keeping Global Warming Within 1.5 °C Constrains Emergence of Aridification », *Nature Climate Change* 8, n° 1, janvier 2018, p. 70-74.

15. Regan Early, « Which Species Will Survive Climate Change ? », *Scientific American*, 17 février 2016, https://www.scientificamerican.com 83647/article/which-species-will-survive-climate-change/.

16. Scientific Expert Group on Climate Change and Sustainable Development, « Confronting Climate Change : Avoiding the Unmanageable and Managing the Unavoidable », Sigma Xi, février 2007, https://www.sigmaxi.org/docs/default-source/Programs-Documents/Critical83647-Issues-in-Science/executive-summary-of-confronting-climate83647-change.pdf.

17. Pour en savoir plus sur ce que ces fleuves risquent à cause du dérèglement climatique, voir John Schwartz, « Amid 19-Year Drought, States Sign Deal to Conserve Colorado River Water », *New York Times*, 19 mars 2019, https://www.nytimes.com/2019/03/19/climate/colorado-river-water.html ; Sarah Zielinski, « The Colorado River Runs Dry », *Smithsonian*, october 2010, https://www.smithsonianmag.com/science-nature/the-colorado-river-runs-dry-61427169/ ; « Earth Matters : Climate Change Threatening to Dry Up the Rio Grande River, a Vital Water Supply », CBS News, April 22, 2019, https://www.cbsnews.com/news/earth-day-2019-climate-change-threatening-to-dry-up-rio-grande-river-vital-water-supply/.

18. Gary Borders, « Climate Change on the Rio Grande », *World Wildlife Magazine*, automne 2015, https://www.worldwildlife.org/magazine/issues/fall-2015/articles/climate-change-on-the-rio-grande.

19. Brian Resnick, « Melting Permafrost in the Arctic Is Unlocking Diseases and Warping the Landscape », Vox, 26 septembre 2019, https://www.vox.com/2017/9/6/16062174/permafrost-melting.

20. « How Climate Change Can Fuel Wars », *Economist*, 23 mai 2019, https://www.economist.com/international/2019/05/23/how-climate-change-can-fuel-wars.

21. Silja Klepp, « Climate Change and Migration », *Oxford Research Encyclopedias : Climate Science*, avril 2017, https://oxfordre.com/climate science/view/10.1093/acre fore/9780190228620.001.0001/acre fore-9780190228620-e-42.

22. Resnick, « Melting Permafrost », art. cit.

23. Derek R. MacFadden, Sarah F. McGough, David Fisman, Mauricio Santillana et John S. Brownstein, « Antibiotic Resistance Increases with Local Temperature », *Nature*, 21 mai 2018, https://www.nature.com/articles/s41558-018-0161-6.

3. Le monde que nous devons créer

1. P. J. Marshall, « Reforestation : The Critical Solution to Climate Change », fondation Leonardo DiCaprio, 7 décembre 2018, https://www. leonardo dicaprio.org/reforestation-the-critical-solution-to-climate-change/.

2. « Expert en environnement, Julio Díaz, de l'École nationale de santé publique (une division de l'Institut de santé Carlos-III), pense qu'il y a une corrélation entre la chaleur et un pic de visites chez le médecin pour les personnes atteintes de problèmes rénaux et de maladies neurodégénératives telles que Parkinson. De la même manière, la chaleur provoque une hausse des bébés prématurés et des faibles poids à la naissance », cité dans Manuel Planelles, « More Than a Feeling : Summers in Spain Really Are Getting Longer and Hotter », *El País*, 3 avril 2019, https://elpais.com/elpais/2019/04/03/inenglish/1554279672_888064.html.

3. E. O. Wilson Biodiversity Foundation, « Half-Earth : Our Planet's Fight for Life », https://eowilsonfoundation.org/half-earth-our-planet-s-fight-for-life/ ; Emily E. Adams, « World Forest Area

Still on the Decline », Earth Policy Institute, 31 août 2012, http://www.earth-policy.org/indicators/C56/forests_2012.

4. Project Drawdown, « Tree Intercropping », https://www.drawdown.org/solutions/food/tree-intercropping ; Project Drawdown, « Silvopasture », https://www.drawdown.org/solutions/food/silvopasture.

5. Petra Todorovich and Yoav Hagler, « High-Speed Rail in America », America 2050, janvier 2011, http://www.america2050.org/pdf/HSR–in-America-Complete.pdf ; Anton Babadjanov, « Can We Replace Cross-Country Air with Rail Travel ? Yes, We Can ! », Seattle Transit Blog, 15 février 2019, https://seattletransitblog.com/2019/02/15/can-we-replace-cross-country-air with rail travel-yes-we-can/.

6. Project Drawdown, « Nuclear », https://www.drawdown.org/solutions/electricity-generation/nuclear. Voir aussi Union of Concerned Scientists, « Nuclear Power & Global Warming », 22 mai 2015 (mis à jour le 8 novembre 2018), https://www.ucsusa.org/nuclear-power/nuclear-power-and-global-warming.

7. RMIT University, « Solar Paint Offers Endless Energy from Water Vapor », ScienceDaily, 14 juin 2017, https://www.sciencedaily.com/releases/2017/06/170614091833.htm.

8. Global Water Scarcity Atlas, « Desalination Powered by Renewable Energy », https://waterscarcityatlas.org/desalination-powered-by-renewable-energy/.

9. Project Drawdown, « Pasture Cropping », https://www.drawdown.org/solutions/coming-attractions/pasture-cropping. See also Taylor Mooney, « What Is Regenerative Farming ? Experts Say It Can Combat Climate Change », CBS News, 28 juillet 2019, https://www.cbsnews.com/news/what-is-regenerative-farming-cbsn-originals/.

10. Pour en savoir plus sur le lien entre réchauffement climatique et prix des aliments, voir Nitin Sethi, « Climate Change Could Cause 29 % Spike in Cereal Prices : Leaked UN Report », *Business Standard*, 15 juillet 2019, https://www.business-standard.

com/article/current-affairs/climate-change-could-cause-29-spike-in-cereal-prices-leaked-un-report-119071500637_1.html.

11. Pour en savoir plus à ce sujet, voir Anna Behrend, « What Is the True Cost of Food ? », *Spiegel Online*, 2 avril 2016, https://www.spiegel.de/international/tomorrow/the-true-price-of-foodstuffs-a-1085086.html ; Megan Perry, « The Real Cost of Food », Sustainable Food Trust, novembre 2015, https://sustainablefoodtrust.org/articles/the-real-cost-of-food/.

12. Sarah Gibbens, « Eating Meat Has "Dire" Consequences for the Planet, Says Report », *National Geographic*, 16 janvier 2019, https://www.nationalgeographic.com/environment/2019/01/commission-report-great-food-transformation-plant-diet-climate-change/.

13. Fisheries and Aquaculture Department, Food and Agriculture Organization of the United Nations, « Climate Change Mitigation Strategies », 28 septembre 2016, http://www.fao.org/fishery/topic/166280/en.

14. Jennifer L. Pomeranz, Parke Wilde, Yue Huang, Renata Micha et Dariush Mozaffarian, « Legal and Administrative Feasibility of a Federal Junk Food and Sugar-Sweetened Beverage Tax to Improve Diet », *American Journal of Public Health*, 10 janvier 2018, https://ajph. apha publications.org/doi/10.2105/AJPH.2017.304159 ; Arlene Weintraub, « Should We Tax Junk Foods to Curb Obesity ? », *Forbes*, 10 janvier 2018, https://www.forbes.com/sites/arleneweintraub/2018/01/10/should-we-tax-junk-foods-to-curb-obesity/ ; Mexico and Hungary are already piloting the idea of taxing junk food ; voir Julia Belluz, « Mexico and Hungary Tried Junk Food Taxes – and They Seem to Be Working », Vox, 17 janvier 2018 (mis à jour le 6 avril 2018), https://www.vox.com/2018/1/17/16870014/junk-food-tax.

15. C'est déjà prévu en Chine : « China's Hainan Province to End Fossil Fuel Car Sales in 2030 », Phys.org, 6 mars 2019, https://phys.org/news/2019-03-china-hainan province-fossil fuel.html.

16. C'est déjà le cas au Royaume-Uni : Tom Edwards, « ULEZ : The Most Radical Plan You've Never Heard Of », BBC News, 26 mars 2019, https://www.bbc.com/news/uk-england-london-47638862.

17. Smart Energy International, « Storage Advancements Fast-Track New Power Projects, Experts Say », 21 juin 2018, https://www.smart-energy.com/news/energy-storage-new-power-projects/.

18. Adela Spulber and Brett Smith, « Are We Building the Electric Vehicle Charging Infrastructure We Need ? », *IndustryWeek*, 21 november 2018, https://www.industryweek.com/technology-and-iiot/are-we-building-electric-vehicle-charging-infrastructure-we-need.

19. Echo Huang, « By 2038, the World Will Buy More Passenger Electric Vehicles Than Fossil-Fuel Cars », Quartz, 15 mai 2019, https://qz.com/1618775/by-2038 – sales of electric cars to overtake-fossil-fuel-ones/ ; Jesper Berggreen, « The Dream Is Over – Europe Is Waking Up to a World of Electric Cars », CleanTechnica, 17 février 2019, https://cleantechnica.com/2019/02/17/the-dream-is-over-europe-is-waking-up-to-a-world-of-electric-cars/.

20. Ce genre d'accélération est déjà possible. Voir James Gilboy, « The Porsche Taycan Will Do Zero-to 60 in 3.5 Seconds », The Drive, 17 août 2018, https://www.thedrive.com/news/22984/the-porsche-taycan-will-do-zero-to-60-in-3-5-seconds ; and classic car retrofits are already starting to take off : Robert C. Yeager, « Vintage Cars with Electric-Heart Transplants », *New York Times*, 10 janvier 2019, https://www.nytimes.com/2019/01/10/business/electric-conversions-classic-cars.html.

21. United Nations Department of Economic and Social Affairs, « 68 % of the World Population Projected to Live in Urban Areas by 2050, Says UN », 16 mai 2018, https://www.un.org/development/desa/en/news/population/2018-revision-of-world-rbanization-prospects.html.

22. David Dudley, « The Guy from Lyft Is Coming for Your Car », CityLab, 19 septembre 2016, https://www.citylab.com/transportation/2016/09/the-guy-from-lyft-is-coming-for-your-car/500600/.

23. Annie Rosenthal, « How 3D Printing Could Revolutionize the Future of Development », Medium, 1 mai 2018, https://medium.com/@plus_social good/how-3d-printing-could-revolutionize-the-future-of-development-54a270d6186d ; Elizabeth Royte, « What Lies Ahead for 3-D Printing ? », *Smithsonian*, mai 2013, https://www.smithsonianmag.com/science-nature/what-lies-ahead-for-3-d-printing-37498558/.

24. Marissa Peretz, « The Father of Drones' Newest Baby Is a Flying Car », *Forbes*, 24 juillet 2019, https://www.forbes.com/sites/marissa-peretz/2019/07/24/the-father-of-drones-newest-baby-is-a-flying-car/.

25. Le concept était déjà en vogue du XVIIe au XIXe siècle, sous la forme du Grand Tour. Voir Richard Franks, « What Was the Grand Tour and Where Did People Go ? », Culture Trip, 4 décembre 2017, https://theculturetrip.com/europe/articles/what-was-the-grand-tour-and-where-did-people-go/.

26. International Organization for Migration mission statement, https://www.iom.int/migration-and-climate-change-0. Voir aussi Erik Solheim and William Lacy Swing, « Migration and Climate Change Need to Be Tackled Together », United Nations Framework Convention on Climate Change, 7 septembre 2018, https://unfccc.int/news/migration-and-climate-change-need-to-be-tackled-together.

27. Richard B. Rood, « What Would Happen to the Climate If We Stopped Emitting Greenhouse Gases Today ? », The Conversation, 11 décembre 2014, http://theconversation.com/what-would-happen-to-the-climate-if-we-stopped-emitting-greenhouse-gases-today-35011.

28. Grâce à l'imprimante 3D, on construit déjà des maisons rapidement. Voir Adele Peters, « This House Can Be 3D- Printed for $4,000 », *Fast Company*, 12 mars 2018, https://www.fastcompany.com/40538464/this-house-can-be-3d-printed-for-4000.

II. Trois états d'esprit

4. Choisir ce que nous voulons être

1. Joanna Macy, Chris Johnstone, *Active Hope : How to Face the Mess We're in without Going Crazy*, New World Library, 2012, p. 32 ; paru en français sous le titre *L'Espérance en mouvement. Comment faire face au triste état de notre monde sans devenir fous*, Labor et Fides, 2018.

5. L'optimisme inébranlable

1. Kendra Cherry, « Learned Optimism », Verywell Mind, 25 juillet 2019, https://www.verywellmind.com/learned-optimism-4174101.
2. Jeremy Hodges, « Clean Energy Becomes Dominant Power Source in U.K. », *Bloomberg*, 20 juin 2019, https://www.bloomberg.com/news/articles/2019-06-20/clean-energy-is-seen-as-dominant-source-in-u-k-for-first-time.
3. Jordan Davidson, « Costa Rica Powered by Nearly 100 % Renewable Energy », EcoWatch, 6 août 2019, https://www.ecowatch.com/costa-rica-net-zero-carbon-emissions-2639681381.html.
4. Sammy Roth, « California Set a Goal of 100 % Clean Energy, and Now Other States May Follow Its Lead », *Los Angeles Times*, 10 janvier 2019, https://www.latimes.com/business/la-fi-100-percent-clean-energy-20190110-story.html.
5. Václav Havel, *Disturbing the Peace : A Conversation with Karel Huizdala*, New York, Vintage Books, 1991, p.181-182.
6. Rebecca Solnit, *Hope in the Dark : Untold Histories, Wild Possibilities*, Haymarket Books, 2016 ; paru en français sous le titre *Garder l'espoir. Autres histoires, autres possibles*, Actes Sud, 2006.

6. L'abondance infinie

1. Brad Lancaster, « Planting the Rain to Grow Abundance », lecture lors de la TEDxTucson, 6 mars 2017, https://www.kgun9.com/news/local-news/city-of-tucson-encouraging-citizens-to-harvest-rainwater ; pour en savoir davantage sur Brad Lancaster et ses idées : https://www.harvestingrainwater.com/.

2. American Sociological Association, « In Disasters, Panic Is Rare; Altruism Dominates », ScienceDaily, 8 août 2002, https://www.sciencedaily.com/releases/2002/08/020808075321.htm.

3. Therese J. Borchard, « How Giving Makes Us Happy », Psych Central, 8 juillet 2018, https://psychcentral.com/blog/how-giving-makes-us-happy/.

7. La régénération totale

1. Richard Louv, *Last Child in the Woods : Saving our Children from Nature-Deficit Disorder*, Algonquin Books, 2005 ; paru en français sous le titre *Une enfance en liberté*, Leduc.s éditions, 2020.

2. Gregory Bateson, *Steps to an Ecology of Mind*, 1972 ; paru en français sous le titre *Vers une écologie de l'esprit*, Seuil, 1977, Points, 1995.

3. Daniel Christian Wahl, *Designing Regenerative Cultures*, Triarchy Press, 2016, p. 267.

III. Dix actions

8. Faire le nécessaire

1. Même si c'était le cas, la hausse des températures continuerait. Voir Ute Kehse, « Global Warming Doesn't Stop When the Emissions Stop », Phys.org, 3 octobre 2017, https://phys.org/news/2017-10-global-doesnt-emissions.html

2. Caitlin E. Werrell et Francesco Fermia, « Climate Change Raises Conflict Concerns », *UNESCO Courier*, nº 2, 2018, https://en.unesco.org/courier/2018-2/climate-change-raises-conflict-concerns.

3. « Germany on Course to Accept One Million Refugees in 2015 », *Guardian* (édition américaine), 7 décembre 2015, https://www.theguardian.com/world/2015/dec/08/germany-on-course-to-accept-one-million-refugees-in-2015.

4. Benedikt Peters, « 5 Reasons for the Far Right Rising in Germany », *Süddeutsche Zeitung*, https://projekte.sueddeutsche.de/artikel/politik/afd-5-reasons-for-the-far-right-rising-in-germany-e403522/.

Action 1 – Dire adieu au vieux monde

1. Reality Check team, « Reality Check: Which Form of Renewable Energy Is Cheapest ? », BBC News, 26 octobre 2018, https://www.bbc.com/news/business-45881551.

2. Michael Savage, « End Onshore Windfarm Ban, Tories Urge », *Guardian* (édition américaine), 30 juin 2019, https://www.the guardian.com/environment/2019/jun/30/tories-urge-lifting-off-onshore-windfarm-ban.

3. Shannon Hall, « Exxon Knew About Climate Change Almost 40 Years Ago », *Scientific American*, 26 octobre 2015, https:// www.scientific american.com/article/exxon-Knew-about-climate-change-almost-40-years-ago/.

4. Sarah Pruitt, « How the Treaty of Versailles and German Guilt Led to World War II », History.com, 29 juin 2018 (mis à jour le 3 juin 2019), https://www.history.com/news/treaty-of-versailles-world-war-ii-german-guilt-effects.

5. Alex Birkett, « Online Manipulation : All the Ways You're Currently Being Deceived », Conversion XL, 19 novembre 2015 (mis à jour le 7 février 2019), https://conversionxl.com/blog/online-manipulation-all-the-ways-youre-currently-being-deceived/.

Action 2 – Se forger une vision claire du monde de demain

1. Stephanie Pappas, « Shrinking Glaciers Point to Looming Water Shortages », Live Science, 8 décembre 2011, https://www.livescience.com/17379-shrinking-glaciers-water-shortages.html.

2. Bridget Alex, « Artic [*sic*] Meltdown: We're Already Feeling the Consequences of Thawing Permafrost », *Discover*, juin 2018, http://discovermagazine.com/2018/jun/something-stirs

3. Fern Riddell, « Suffragettes, Violence and Militancy », British Library, 6 février 2018, https://www.bl.uk/votes-for-women/articles/suffragettes-violence-and-militancy.

4. Office of the Historian, Department of State, « The Collapse of the Soviet Union », https://history.state.gov/milestones/1989-1992/collapse-soviet-union.

5. « Futurama: "Magic City of Progress" », in *World's Fair: Enter the World of Tomorrow*, Biblion, http://exhibitions.nypl.org/biblion/worldsfair/enter-world-tomorrow-futurama-and-beyond/story/story-gmfuturama.

6. Abby Norman, « Aliens, Autonomous Cars, and AI: This Is the World of 2118 », Futurism.com, 11 janvier 2018, https://futurism.com/2118-century-predictions ; Matthew Claudel et Carlo Ratti, « Full Speed Ahead: How the Driverless Car Could Transform Cities », McKinsey & Company, août 2015, https://www.mckinsey.com/business-functions/sustainability/our-insights/full-speed-ahead-how-the-driverless-car-could-transform-cities. https://www.youtube.com/watch?v=2b3ttqYDwF0.

7. Brad Plumer, « Cars Take Up Way Too Much Space in Cities. New Technology Could Change That », Vox, 2016, https://www.vox.com/a/new-economy-future/cars-cities-technologies ; Vanessa Bates Ramirez, « The Future of Cars Is Electric, Autonomous, and Shared : Here's How We'll Get There », Singularity Hub, 23 août 2018, https://singularityhub.com/2018/08/23/the-future-of-cars-is-electric-autonomous-and-shared-heres-how-well-get-there/.

8. Tim Walker, « Maya Angelou Dies: "You May Encounter Many Defeats, but You Must Not Be Defeated" », *Independent*, 28 mai 2014, https://www.independent.co.uk/news/people/maya-angelou-dies-you-may-encounter-many-defeats-but-you-must-not-be-defeated-9449234.html.

9. « Martin Luther King Jr. – Biography », https://www.nobelprize.org/prizes/peace/1964/king/biographical.

Action 3 – Défendre la vérité

1. Jonathan Swift, « The Art of Political Lying », *The Examiner*, 9 novembre 1710, https://www.bartleby.com/209/633.html.

2. Soroush Vosoughi, Deb Roy, et Sinan Aral, « The Spread of True and False News Online », *Science*, 9 mars 2018, https://science.sciencemag.org/content/359/6380/1146.full.

3. Carolyn Gregoire, « The Psychology of Materialism, and Why It's Making You Unhappy », *Huffington Post*, 15 décembre 2013 (mis à jour le 7 décembre 2017), https://www.huffpost.com/entry/psychology-materialism_n_4425982.

4. Encyclopaedia Britannica en ligne, « Confirmation Bias », https://www.britannica.com/science/confirmation-bias.

Action 4 – Vivre en citoyen plutôt qu'en consommateur

1. Ben Webster, « Britons Buy a Suitcase Full of New Clothes Every Year », *Times* (édition anglaise), 5 octobre 2018, https://www.thetimes.co.uk/article/britons-buy-a-suitcase-full-of-new-clothes-every-year-wxws895qd.

2. United Nations Climate Change News, « UN Helps Fashion Industry Shift to Low Carbon », United Nations Framework Convention on Climate Change, 6 septembre 2018, https://unfccc.int/news/un-helps-fashion-industry-shift-to-low-carbon.

3. Al Gore, *The Future: Six Drivers of Global Change*, New York, Random House, 2013, p. 159.

4. Christina Gough, « Super Bowl Average Costs of a 30-Second TV Advertisement from 2002 to 2019 (in Million U.S. Dollars) », Statista, 9 août 2019, https://www.statista.com/statistics/217134/total-advertisement-revenue-of-super-bowls/.

5. Garett Sloane, « Amazon Makes Major Leap in Ad Industry with $10 Billion Year », Ad Age, 31 janvier 2019, https://adage.com/article/digital/amazon-makes-quick-work-ad-industry-10-billion-year/316468.

6. A. Guttmann, « Global Advertising Market – Statistics & Facts », Statista, 24 juillet 2018, https://www.statista.com/topics/990/global-advertising-market/.

7. L'article suivant résume bien cet état d'esprit : Tori DeAngelis, « Consumerism and Its Discontents », American Psychological Association, juin 2004, https://www.apa.org/monitor/jun04/discontents.

8. *Ibid.*

9. Tony Seba and James Arbib, « Are We Ready for the End of Individual Car Ownership ? », *San Francisco Chronicle*, 10 juillet 2017, https://www.sfchronicle.com/opinion/open forum/article/Are-we-ready-for the-end-of-individual-car-1278535.php.

10. À ce sujet, lire l'article remarquable de Hans-Werner Kaas, Detlev Mohr et Luke Collins, « Self-Driving Cars and the Future of the Auto Sector », McKinsey & Company, août 2016, https://www.mckinsey.com/industries/automotive-and-assembly/our-insights/self-driving-cars-and-the future-of-the-auto-sector.

Action 5 – Dépasser le besoin de combustibles fossiles

1. Rosie McCall, « Millions of Fossil Fuel Dollars Are Being Pumped into Anti-Climate Lobbying », IFLScience, 22 mars 2019, https://www.iflscience.com/environment/millions-of-fossil-fuel-dollars-are-being-pumped-into-anticlimate-lobbying/.

2. Eliot Whittington, « How Big Are Fossil Fuel Subsidies ? », Cambridge Institute for Sustainability Leadership, https://www.cisl.cam.ac.uk/business-action/low-carbon-transformation/eliminating-fossil-fuel-subsidies/how-big-are-fossil-fuel-subsidies.

3. Global Studies Initiative, « What We Do: Fossil Fuel Subsidies and Climate Change », International Institute for Sustainable Development, https://www.iisd.org/gsi/what-we-do/focus-areas/renewable-energy-subsidies-fossil-fuel-phase-out.

4. Mark Carney, « Breaking the Tragedy of the Horizon – Climate Change and Financial Stability », discours prononcé à la Lloyd's de Londres, le 29 septembre 2015, https://www.fsb.

org/wp-content/uploads/Breaking-the-Tragedy-of-the-Horizon-%E2%80%93-climate-change-and-financial-stability.pdf.

5. Le site officiel du Network for Greening the Financial System est: https://www.ngfs.net/en. Voir *A Call for Action: Climate Change as a Source of Financial Risk* (NGFS, avril 2019, https:// www.banque-france.fr/sites/default/files/media/2019/04/17/ngfs_first_comprehensive_report_-_17042019_0.pdf.

6. Moody's, « Moody's Acquires RiskFirst, Expanding Buy-Side Analytics Capabilities », communiqué de presse du 25 juillet 2019, https://ir.moodys.com/news-and-financials/press-releases/press-release-details/2019/Moodys-Acquires-Risk-First-Expanding-Buy-Side-Analytics-Capabilities/default.aspx.

7. Fatih Birol, « Renewables 2018: Market Analysis and Forecast from 2018 to 2023 », Agence internationale de l'énergie, octobre 2018, https://www.iea.org/renewables2018/.

8. RE100, « Companies », http://there100.org/companies.

9. David Roberts, « Utilities Have a Problem: The Public Wants 100 % Renewable Energy, and Quick », Vox, 11 octobre 2018, https://www.vox.com/energy-and environment/2018/9/14/17853884/utilities-renewable-energy-100-percent-public-opinion.

10. Stefan Jungcurt, « IRENA Report Predicts All Forms of Renewable Energy Will Be Cost Competitive by 2020 », SDG Knowledge Hub, 16 janvier 2018, http://sdg.iisd.org/news/irena-report-predicts-all-forms-of-renewable-energy-will-be-cost-competitive-by-2020/.

11. United Nations Climate Change, « IPCC Special Report on Global Warming of 1,5 °C », United Nations Framework Convention on Climate Change, https://unfccc.int/topics/science/workstreams/cooperation-with-the-ipcc/ipcc-special-report-on-global-warming-of-15-degc.

12. Sunday Times Driving, « 10 Electric Cars with 248 Miles or More Range to Buy Instead of a Diesel or Petrol », *Sunday*

Times (édition anglaise), 1er juillet 2019, https://www.driving.co.uk/news/10-electric-cars-248-miles-range-buy-instead-diesel-petrol/.

13. Christine Negroni, « How Much of the World's Population Has Flown in an Airplane ? », *Air & Space*, 6 janvier 2016, https://www.airspacemag.com/daily-planet/how-much-worlds-population-has-flown-airplane-180957719/ ; une analyse originale a été émise par Tom Farrier, un spécialiste de la sécurité aérienne : « What Percent of the World's Population Will Fly in an Airplane in Their Lives ? », Quora, 13 décembre 2013, https://www.quora.com/What-percent-of-the-worlds-population-will-fly-in-an-airplane-in-their-lives.

Action 6 – Replanter des arbres

1. Liz Goldman and Mikaela Weisse, « Technical Blog : Global Forest Watch's 2018 Data Update Explained », Global Forest Watch, 25 avril 2019, https://blog.globalforestwatch.org/data-and-research/technical-blog-global-forest-watchs-2018-data-update-explained ; Gabriel daSilva, « World Lost 12 Million Hectares of Tropical Forest in 2018 », Ecosystem Marketplace, 25 avril 2019, https://www.ecosystem market place.com/articles/world-lost-12-million-hectares-tropical-forest-2018/.

2. Rhett A. Butler, « Beef Drives 80 % of Amazon Deforestation », Mongabay, 29 janvier 2009, https://news.mongabay.com/2009/01/beef-drives-80-of-amazon-deforestation/; pour le rapport complet : Greenpeace Amazon, « Amazon Cattle Footprint, Mato Grosso: State of Destructon », février 2010, https://www.greenpeace.org/usa/wp-content-uploads/legacy/Global/usa/report/2010/2/amazon-cattle-footprint.pdf.

3. Herton Escobar, « Deforestation in the Amazon Is Shooting Up, but Brazil's President Calls the Data 'a Lie' », *Science*, 28 juil-

let 2019, https://www.sciencemag.org/news/2019/07/deforestation-amazon-shooting-brazil-s-president-calls-data-lie.

4. Yuna He, Xiaoguang Yang, Juan Xia, Liyun Zhao, et Yuexin Yang, « Consumption of Meat and Dairy Products in China: A Review », *Proceedings of the Nutrition Society* 75, n° 3, août 2016, p. 385-391, https://doi.org/10.1017/S0029665116000641.

5. David Tilman, Michael Clark, David R. Williams, *et al.*, « Future Threats to Biodiversity and Pathways to Their Prevention », *Nature* 546, 1er juin 2017, p. 73-81, https://www.nature.com/articles/nature22900; Jonathan A. Foley, Navin Ramankutty, Kate A. Brauman, *et al.*, « Solutions for a Cultivated Planet », *Nature* 478, 12 octobre 2011, p. 337-342, https://www.nature.com/articles/nature10452.

6. EATForum, « The EAT-Lancet Commission on Food, Planet, Health », https://eatforum.org/eat-lancet-commission/.

7. Jean-Francois Bastin, Yelena Finegold, Claude Garcia, *et al.*, « The Global Tree Restoration Potential », *Science* 365, n° 6448, 5 juillet 2019, p. 76-79, https://science.sciencemag.org/content/365/6448/76.

8. *Ibid.*

9. World Agroforestry, « New Look at Satellite Data Quantifies Scale of China's Afforestation Success », communiqué de presse du 5 mai 2017, https://www.worldagroforestry.org/news/new-look-satellite-data-quantifies-scale-chinas-afforestation-success.

10. United Nations Environment Programme, « Ethiopia Plants over 350 Million Trees in a Day, Setting New World Record », 2 août 2019, https://www.unenvironment.org/news-and stories/ story/ethiopia-plants-over-350-million-trees-day-setting-new-world-record.

11. Roland Ennos, « Can Trees Really Cool Our Cities Down ? », The Conversation, 22 décembre 2015, http://theconversation.com/can-trees-really-cool-our-cities-down-44099.

12. Amy Fleming, « The Importance of Urban Forests: Why Money Really Does Grow on Trees », *Guardian* (édition améri-

caine), 12 octobre 2016, https://www.theguardian.com/cities/2016/oct/12/importance-urban-forests-money-grow-trees.

13. Voir Tomorrow Today, « A History of Meat Consumption » (vidéo), Deutsche Welle, 18 janvier 2019, https://www.dw.com/en/a-history-of-meat-consumption/av-47130648.

14. Hannah Ritchie et Max Roser, « Meat and Dairy Production », Our World in Data, août 2017, https://ourworldindata.org/meat-and-seafood-production-consumption.

15. Areeba Hasan, « Signal of Change: AT Kearney Expects Alternative Meats to Make Up 60 % Market in 2040 », Futures Centre, 16 juillet 2019, https://www.thefuturescentre.org/signals-of-change/224145/kearney-expects-alternative-meats-make-60-market-2040.

16. Paul Armstrong, « Greenpeace, Nestlé in Battle over Kit Kat Viral », CNN, 20 mars 2010, http://edition.cnn.com/2010/WORLD/asiapcf/03/19/indonesia.rainforests.orangutan.nestle/index.html.

17. Greenpeace International, « Nestlé Promise Inadequate to Stop Deforestation for Palm Oil », communiqué de presse du 14 septembre 2018, https://www.greenpeace.org/international/press-release/18400/nestle-promise-inadequate-to-stop-deforestation-for-palm-oil/. Pour plus d'informations sur la situation critique de Nestlé et sa réponse, voir Aileen Ionescu-Somers et Albrecht Enders, « How Nestlé Dealt with a Social Media Campaign Against It », *Financial Times*, 3 décembre 2012, https://www.ft.com/content/90dbff8a-3aea-11e2-b3f0-00144feabdc0.

Action 7 – Investir dans une économie propre

1. Deux très bons articles sur le sujet à l'adresse : Jonathan Rowe and Judith Silverstein, "The GDP Myth," JonathanRowe.

org (initialement publié le 1er mars 1999 dans le *Wahsington Monthly*), http://jonathanrowe.org/the-gdp-myth et Stephen Letts, « The GDP Myth: The Planet's Measure for Economic Growth Is Deeply Flawed and Outdated », ABC.net.au, 2 juin 2018, https://www.abc.net.au/news/2018-06-02/gdp-flawed-and-out-of-date-why-still-use-it/9821402.

2. Nations unies, « 17 objectifs de développement durable », https://www.un.org/sustainabledevelopment/fr/objectifs-de-developpement-durable/. Ces objectifs sont : éliminer la pauvreté ; éliminer la faim ; offrir le bien-être et une vie saine ; une éducation de qualité ; l'égalité des sexes ; accès à une eau potable et un système d'assainissement ; accès à des services énergétiques fiables et durables ; travail décent et croissance économique partagée et durable ; mise en place d'une infrastructure résiliente, d'une industrialisation durable et encouragement à l'innovation ; la réduction des inégalités ; rendre les villes et les établissements humains ouverts à tous ; instaurer des modes de consommation et de production durables ; agir pour lutter contre le changement climatique et ses répercussions ; conserver et exploiter durablement les océans et les ressources marines ; préserver et restaurer les écosystèmes terrestres ; promouvoir des sociétés pacifiques et un accès à la justice pour tous ; revitaliser le partenariat mondial.

3. Dieter Holger, « Norway's Sovereign-Wealth Fund Boosts Renewable Energy, Divests Fossil Fuels », *Wall Street Journal*, 12 juin 2019, https://www.wsj.com/articles/norways-sovereign-wealth-fund-boosts-renewable-energy-divests-fossil-fuels-11560357485.

4. 350.org, « 350 Campaign Update: Divestment », https://350.org/350-campaign-update-divestment/.

5. Chris Mooney and Steven Mufson, « How Coal Titan Peabody, the World's Largest, Fell into Bankruptcy », *Washington Post*, 13 avril 2016, https://www.washingtonpost.com/news/energy-environment/wp/2016/04/13/coal-titan-peabody-energy-files-for-bankruptcy/.

6. 350.org, « Shell Annual Report Acknowledges Impact of Divestment Campaign », communiqué de presse du 22 juin 2018, https://350.org/press-release/shell-report-impact-of-divestment/.

7. Ceri Parker, « New Zealand Will Have a New "Well-being Budget" Says Jacinda Ardern », *World Economic Forum*, 23 janvier 2019, https://www.weforum.org/agenda/2019/01/new-zealand-s-new-well-being-budget-will-fix-broken-politics-says-jacinda-ardern/.

8. Enter Costa Rica, « Costa Rica Education », https://www.entercostarica.com/travel-guide/about-costa-rica/education.

9. World Bank, « Accounting Reveals That Costa Rica's Forest Wealth Is Greater Than Expected », 31 mai 2016, https://www.worldbank.org/en/news/feature/2016/05/31/accounting-reveals-that-costa-ricas-forest-wealth-is-greater-than-expected.

10. Voir http://happyplanetindex.org/countries/costa-rica.

Action 8 – Exiger un numérique responsable

1. Une bonne introduction à l'IA : https://snips.ai/content/intro-to-ai/#ai-metrics.

2. David Silver et Demis Hassabis, « AlphaGo Zero: Starting from Scratch », DeepMind, 18 octobre 2017, https://deepmind.com/blog/alphago-zero-learning-scratch/.

3. https://deepmind.com/.

4. Rupert Neate, « Richest 1 % Own Half the World's Wealth, Study Finds », *Guardian* (édition américaine), 14 novembre 2017, https://www.theguardian.com/inequality/2017/nov/14/worlds-richest-wealth-credit-suisse.

5. Amy Sterling, « Millions of Jobs Have Been Lost to Automation. Econo-mists Weigh In on What to Do About It », *Forbes*, 15 juin 2019, https://www.forbes.com/sites/amysterling/2019/06/15/automated-future/.

6. Trading Economics, « Brazil – Employment in Agriculture (% of Total Employment) », https://tradingeconomics.com/brazil/employment-in-agriculture-percent-of-total-employment-wb-data.html.

7. Pour plus d'informations voir Olivia Gagan, « Here's How AI Fits into the Future of Energy », World Economic Forum, 25 mai 2018, https://www.weforum.org/agenda/2018/05/how-ai-can-help-meet-global-energy-demand.

8. David Rolnick, Priya L. Donti, Lynn H. Kaack, *et al.*, « Tackling Climate Change with Machine Learning », Arxiv, 10 juin 2019, https://arxiv.org/pdf/1906.05433.pdf.

9. PricewaterhouseCoopers, « What Doctor ? Why AI and Robotics Will Define New Health », 11 avril 2017, https://www.pwc.com/gx/en/industries/healthcare/publications/ai-robotics-new-health/ai-robotics-new-health.pdf.

10. Nicolas Miailhe, « AI & Global Governance: Why We Need an Intergovernmental Panel for Artificial Intelligence », United Nations University Centre for Policy Research, 10 décembre 2018, https://cpr.unu.edu/ai-global-governance-why-we-need-an-intergovernmental-panel-for-artificial-intelligence.html.

11. Tom Simonite, « Canada, France Plan Global Panel to Study the Effects of AI », *Wired*, 6, décembre 2018, https://www.wired.com/story/canada-france-plan-global-panel-study-ai/.

12. Richard Evans and Jim Gao, « DeepMind AI Reduces Google Data Cen-tre Cooling Bill by 40 % », DeepMind, 20 juillet 2016, https://deepmind.com/blog/deepmind-ai-reduces-google-data-centre-cooling-bill-40/.

Action 9 – Construire l'égalité entre les hommes et les femmes

1. Nations unies, Division pour l'avancement des femmes, « Equal Participation of Women and Men in Decision- Making Pro-

cesses, with Particular Emphasis on Political Participation and Leadherschiez », rapport du groupe d'expert du 24-25 octobre 2005 ; Kathy Caprino, « How Decision-Making Is Different Between Men and Women and Why It Matters in Business », *Forbes*, 12 mai 2016, https://www.forbes.com/sites/kathy-caprino/2016/05/12/how-decision-making-is-different-between-men-and-women-and-why-it-matters-in-business/; Virginia Tech, « Study Finds Less Corruption in Countries Where More Women Are in Government », ScienceDaily, 15 juin 2018, https://www.sciencedaily.com/releases/2018/06/180615094850.htm.

2. Nations unies, 6 mars 2019, « Cinq raisons pour lesquelles l'action climatique a besoin des femmes », https://unfccc.int/fr/news/cinq-raisons-pour-lesquelles-l-action-climatique-a-besoin-des-femmes ; Emily Dreyfuss, « Here's a Way to Fight Climate Change : Empower Women », *Wired*, 3 décembre 2018, https://www.wired.com/story/heres-a-way-to-fight-climate-change-empower-women/ ;

3. Thais Compoint, « 10 Key Barriers for Gender Balance (Part 2 of 3) », Déclic International, 5 mars 2019, https://declicinternational.com/key-barriers-gender-balance-2/#_ednref1.

4. Anne Finucane et Anne Hidalgo, « Climate Change Is Everyone's Problem. Women Are Ready to Solve It », *Fortune*, 12 septembre 2018, https://fortune.com/2018/09/12/climate-change-sustainability-women-leaders/.

5. Project Drawdown.

6. *Ibid.*

7. Brand New Congress, https://brandnewcongress.org/.

8. Andrea González-Ramírez, « The Green New Deal Championed by Alexandria Ocasio-Cortez Gains Momentum », Refinery29, 7 février 2019, https://www.refinery29.com/en-us/2018/12/219189/alexandria-ocasio-cortez-green-new-deal-climate-change ; sur la solidarité féminine des politiciennes américaines, voir Sirena Bergman, « State of the Union: How Congresswomen Used Their Outfits to Make a Statement at Trump's Big Address », *Independent*, 6 février

2019, https://www.independent.co.uk/life-style/women/trump-state-union-women-ocasio-cortez-pelosi-suffragette-white-a8765371.html.

9. Natural Resources Defense Council, « Salt of the Earth, Courtesy of the Sun », 30 janvier 2019, https://www.nrdc.org/stories/salt-earth-courtesy-sun.

10. Solar Sister, https://solarsister.org.

Action 10 – Faire de la politique

1. Laurie Goering, « Climate Pressures Threaten Political Stability – Security Experts », Reuters, 24 juin 2015, https://uk.reuters.com/article/climate-change-security-politics/climate-pressures-threaten-political-stability-security-experts-idUKL8N0ZA2H220150624.

2. Laura McCamy, « Companies Donate Millions to Political Causes to Have a Say in the Government: Here Are 10 That Have Given the Most in 2018 », *Business Insider France*, 13 octobre 2018, http://www.businessinsider.fr/us/companies-are-influencing-politics-by-donating-millions-to-politicians-2018-9.

3. Influence Map, « National Association of Manufacturers (NAM) », https://influencemap.org/influencer/National-Association-of-Manufacturing-NAM.

4. Pour le cas des États-Unis, voir par exemple Andy Stone, « Climate Change: A Real Force in the 2020 Campaign ? », *Forbes*, 25 juillet 2019, https:// www.forbes.com/sites/andystone/2019/07/25/climate-change-a-real-force-in-the-2020-campaign/.

5. Pour plus d'informations sur Extinction Rebellion voir : https://rebellion.earth/ ; https://www.opendemocracy.net/en/new-climate-politics-of-extinction-rebellion/.

6. D'autres documents sur la désobéissance civile à l'adresse : https://www.sciencedirect.com/topics/computer-science/civil-disobedience.

7. Erica Chenoweth, « The '3.5 % Rule': How a Small Minority Can Change the World », Carr Center for Human Rights Policy, 14 mai 2019, https://carrcenter.hks.harvard.edu/news/35-rule-how-small-minority-can-change-world.

8. https://www.fridaysforfuture.org/.

9. Jonathan Watts, « "Biggest Compliment Yet": Greta Thunberg Wel-comes Oil Chief 's "Greatest Threat" Label », *Guardian* (édition américaine), 5 juillet 2019, https://www.theguardian.com/environment/2019/jul/05/biggest-compliment-yet-greta-thunberg-welcomes-oil-chiefs-greatest-threat-label.

Conclusion. Un nouveau récit collectif

1. Histoire des Spoutnik vue par la NASA : https://history.nasa.gov/sputnik/.

2. Pour une analyse de ce discours cinquante ans plus tard, voir Marina Koren, « What John F. Kennedy's Moon Speech Means 50 Years Later », *The Atlantic*, 15 juillet 2019, https://www.theatlantic.com/science/archive/2019/07/apollo-moon-landing-jfk-speech/593899/.

3. https://spacecenter.org/photo-gallery-apollo-era-flight-controllers/.

4. Pour une analyse de l'anecdote « JFK et l'homme de ménage », ce qu'elle révèle des motivations et ce qui les inspire, voir Zach Mercurio, « What Every Leader Should Know About Purpose », *Huffington Post*, 20 février 2017, https://www.huffpost.com/entry/what-every-leader-should-know-about-purpose_b_58ab103fe4b026a89a7a2e31.

Bibliographie et lectures complémentaires

Le problème

Archer, David, *The Long Thaw : How Humans Are Changing the Next 100,000 Years of Earth's Climate*, Princeton (N.J.), Princeton Science Library, 2016.

Carson, Rachel, *Silent Spring*, New York, Mariner Books, 1962 ; *Printemps silencieux*, trad. Jean-François Gravrand, Baptiste Lanaspeze, Marseille, Wildproject Éditions, 2019.

Evans, Alex, *The Myth Gap : What Happens When Evidence and Arguments Aren't Enough*, Bodelva (UK), Eden Project Books, 2017.

Ghosh, Amitav, *The Great Derangement : Climate Change and the Unthinkable*, Chicago, University of Chicago Press, 2017.

Goodell, Jeff, *The Water Will Come : Rising Seas, Sinking Cities, and the Remaking of the Civilized World*, New York, Back Bay Books, 2018.

Hansen, James, *Storms of My Grandchildren : The Truth About the Coming Climate Catastrophe and Our Last Chance to Save Humanity*, New York, Bloomsbury, 2010.

Henson, Robert, *The Rough Guide to Climate Change*, Londres, Rough Guides, 2011.

Jamail, Dahr, *The End of Ice : Bearing Witness and Finding Meaning in the Path of Climate Disruption*, New York, New Press, 2019.

Jamieson, Dale, *Reason in a Dark Time : Why the Struggle Against Climate Change Failed – And What It Means for Our Future*, Oxford, Oxford University Press, 2014.

Keeling, Charles, « The Concentration and Isotopic Abundances of Carbon Dioxide in the Atmosphere », *Tellus* 12, no. 2 (1960) : https://onlinelibrary.wiley.com/doi/epdf/10.1111/j.2153-3490.1960.tb01300.x.

Kolbert, Elizabeth, *Field Notes from a Catastrophe : Man, Nature, and Climate Change*, New York, Bloomsbury, 2015.

Lancaster, John, *The Wall : A Novel*, New York, W. W. Norton, 2019.

Lynas, Mark, *Six Degrees : Our Future on a Hotter Planet*, Boone, Iowa, National Geographic, 2008 ; *Six degrés. Que va-t-il se passer ?* trad. Pierre Kaldy, Paris, Dunod, 2008.

Masson-Delmotte, V., P. Zhai, H.-O. Pörtner, D. Roberts, J. Skea, P. R. Shukla, A. Pirani, W. Moufouma-Okia, C. Péan, R. Pidcock, S. Connors, J. B. R. Matthews, Y. Chen, X. Zhou, M. I. Gomis, E. Lonnoy, T. Maycock, M. Tignor, T. Waterfield (éd.), *Global Warming of 1,5° C. An IPCC Special Report on the Impacts of Global Warming of 1.5 °C Above Pre-Industrial Levels and Related Global Greenhouse Gas Emission Pathways, in the Context of Strengthening the Global Response to the Threat of Climate Change, Sustainable Development, and Efforts to Eradicate Poverty*, consultable en ligne.

Moellendorf, Darrell, « Progress, Destruction, and the Anthropocene », *Social Philosophy and Policy* 34, n° 2 (2017), p. 66-88.

Wallace-Wells, David, *The Uninhabitable Earth : Life After Warming*, New York, Tim Duggan Books, 2019 ; *La Terre inhabitable. Vivre avec 4 °C de plus*, trad. Cécile Leclère, Paris, Robert Laffont, 2019.

Construire le futur : un changement politique, social, technologique et culturel

Davey, Edward, *Given Half a Chance : Ten Ways to Save the World*, Londres, Unbound, 2019.

Franklin, Daniel, *Mega Tech : Technology in 2050*, Londres, Economist Books, 2017.

Gold, Russell, *Superpower : One Man's Quest to Transform American Energy*, New York, Simon and Schuster, 2019.

Harvey, Hal, *Designing Climate Solutions : A Policy Guide for Low-Carbon Energy*, Washington (D.C.), Island Press, 2018.

Hawken, Paul (éd.), *Drawdown : The Most Comprehensive Plan Ever Proposed to Reverse Global Warming*, Londres, Penguin Books, 2017 ; *Drawdown. Comment inverser le cours du réchauffement planétaire,* trad. Amanda Prat-Giral, Arles, Actes Sud, 2018.

Latour, Bruno, *Où atterrir ? Comment s'orienter en politique*, Paris, La Découverte, 2017.

Leicester, Graham, *Transformative Innovation : A Guide to Practice and Policy*, Charmouth (UK), Triarchy Press, 2016.

Lovelock, James, *The Vanishing Face of Gaia : A Final Warning*, Londres, Penguin, 2010.

McKibben, Bill, *Falter : Has the Human Game Begun to Play Itself Out ?*, New York, Henry Holt, 2019.

O'Hara, Maureen, and Graham Leicester, *Dancing at the Edge, Competence, Culture and Organization in the 21st Century*, Charmouth (UK), Triarchy Press, 2012.

Robinson, Mary, *Climate Justice : Hope, Resilience, and the Fight for a Sustainable Future*, Londres, Bloomsbury, 2018.

Sachs, Jeffrey D., *The Age of Sustainable Development*, New York, Columbia University Press, 2015.

Sahtouris, Elisabet, *Gaia's Dance : The Story of Earth and Us*, Scotts Valley (Cal.), CreateSpace Independent Publishing Platform, 2018 ; *La Danse de Gaïa. Notre histoire et celle de la planète*, trad. Michèle Choquet, Paris, Véga, 2016.

Smith, Bren, *Eat Like a Fish : My Adventures as a Fisherman Turned Restorative Ocean Farmer*, New York, Knopf, 2019.

Snyder, Timothy, *On Tyranny : Twenty Lessons from the Twentieth Century*, New York, Tim Duggan Books, 2017 ; *De la tyrannie. Vingt leçons du xxe siècle*, trad. Pierre-Emmanuel Dauzat, Paris, Gallimard, 2017.

Wahl, Daniel Christian, *Designing Regenerative Cultures*, Charmouth (UK), Triarchy Press, 2016.

Walsh, Bryan, *End Times : A Brief Guide to the End of the World*, Londres, Hachette Books, 2019.

Wheatley, Margaret J., *Leadership and the New Science : Discovering Order in a Chaotic World*, Oakland (Cal.), Berrett-Koehler, 2006.

Économie

Assadourian, Erik, « The Rise and Fall of Consumer Cultures », Worldwatch Institute, éd., *State of the World 2010 : Transforming Cultures from Consumerism to Sustainability*, New York, W. W. Norton, 2010.

Jackson, Tim, *Prosperity Without Growth : Economics for a Finite Planet*, Londres, Routledge Earthscan, 2009 ; *Prospérité sans croissance*, trad. André Verkaeren, Louvain-la-Neuve, De Boeck, 2010.

Klein, Naomi, *On Fire : The (Burning) Case for a Green New Deal*, New York, Simon and Schuster, 2019 ; *Plan B pour la planète. Le New Deal vert*, trad. Matthieu Dumont, Arles, Actes Sud, 2019.

–, *This Changes Everything : Capitalism vs. the Climate*, New York, Simon and Schuster, 2015 ; *Tout peut changer. Capitalisme & changement climatique*, trad. Geneviève Boulanger, Nicolas Calvé, Arles, Actes Sud, 2016.

Lovins, L. Hunter, Stewart Wallis, Anders Wijkman, John Fullerton, *A Finer Future : Creating an Economy in Service to Life*, Philadelphie, New Society, 2018.

Meadows, Donella H., Dennis L. Meadows, Jørgen Randers, William W. Behrens III, *Limits to Growth : The 30-Year Update*, Chelsea (Vt.), Chelsea Green, 2004 ; *Les Limites à la croissance (dans un monde fini)*, trad. Agnès El Kaïm, Paris, Rue de l'Échiquier, 2017.

Nordhaus, William, *The Climate Casino : Risk, Uncertainty, and Economics for a Warming World*, New Haven (Conn.), Yale University Press, 2015 ; *Le Casino climatique. Risques, incertitudes et solutions économiques face à un monde en réchauffement*, trad. Jérôme Duquène, Louvain-la-Neuve, De Boeck, 2019.

Raworth, Kate, *Doughnut Economics : Seven Ways to Think Like a 21st-Century Economist*, New York, Random House, 2017 ; *La Théorie du donut*, trad. Laurent Bury, Paris, Plon, 2018.

Rowland, Deborah, *Still Moving : How to Lead Mindful Change*, New York, Wiley Blackwell, 2017.

Action individuelle et construction d'un mouvement

Bateson, Gregory, *Steps to an Ecology of Mind*, New York, Chandler, 1972 ; *Vers une écologie d'esprit*, vol. 1-2, trad. Ferial Drosso, Laurencine Lot, Eugène Simion, Paris, Seuil, 1995.

Berners-Lee, Mike, *There Is No Planet B : A Handbook for the Make or Break Years*, Cambridge (UK), Cambridge University Press, 2019.

Extinction Rebellion, *This Is Not a Drill : An Extinction Rebellion Handbook*, Londres, Penguin, 2019.

Foer, Jonathan Safran, *We Are the Weather : Saving the Planet Begins at Breakfast*, New York, Farrar, Straus and Giroux, 2019 ; *L'avenir de la planète commence dans notre assiette*, trad. Marc Amfreville, Paris, L'Olivier, 2019.

Friedman, Thomas L., *Thank You for Being Late : An Optimist's Guide to Thriving in the Age of Acceleration*, New York, Farrar, Straus and Giroux, 2016 ; *Merci d'être en retard. Survivre dans le monde de demain*, trad. Pascale-Marie Deschamps, Paris, Saint-Simon, 2017.

Havel, Václav, *Disturbing the Peace : A Conversation with Karel Huizdala*, New York, Vintage Books, 1991.

Louv, Richard, *Last Child in the Woods : Saving Our Children from Nature-Deficit Disorder*, New York, Algonquin, 2005 ; *Une enfance en liberté. Protégeons nos enfants du syndrome de manque de nature*, trad. Nathalie Chrétien, Paris, Leduc. s, 2020.

Macy, Joanna, Chris Johnstone, *Active Hope : How to Face the Mess We're in Without Going Crazy*, San Francisco, New World Library, 2012 ; *L'Espérance en mouvement. Comment faire face au triste état de notre monde sans devenir fous*, trad. Claire Carré, Françoise Ferrant, Paris, Labor et Fides, 2018.

Mandela, Nelson, *A Long Walk to Freedom*, New York, Time Warner Books, 1995 ; *Un long chemin vers la liberté*, trad. Jean Guiloineau, Paris, Fayard, 1995.

Martinez, Xiuhtezcatl, *We Rise : The Earth Guardians Guide to Building a Movement That Restores the Planet*, New York, Rodale Books, 2018.

Plous, Scott, *The Psychology of Judgment and Decision Making*, Philadelphie, Temple University Press, 1993.

Quinn, Robert E., *Building the Bridge As You Walk on It : A Guide for Leading Change*, Greensboro (N. C.), Jossey-Bass, 2004.

Scranton, Roy, *Learning to Die in the Anthropocene : Reflections on the End of Civilization*, San Francisco, City Lights, 2015.

Seligman, Martin E. P., *Learned Optimism : How to Change Your Mind and Your Life*, Londres, Vintage, 2006 ; *La Force de l'optimisme*, trad. Larry Cohen, Paris, InterEditions, 2008.

Sharpe, Bill, *Three Horizons : The Patterning of Hope*, Charmouth (UK), Triarchy Press, 2013.

Solnit, Rebecca, *Hope in the Dark : Untold Histories, Wild Possibilities*, Chicago, Haymarket Books, 2016 ; *Garder l'espoir. Autres histoires, autres possibles*, trad. Daniel De Bruycker, Arles, Actes Sud, 2006.

Thunberg, Greta, *No One Is Too Small to Make a Difference*, Londres, Penguin, 2019.

Wheatley, Margaret J., *Who Do We Choose to Be ? Facing Reality, Claiming Leadership, Restoring Sanity*, Oakland (Cal.), Berrett-Koehler, 2017.

Nature

Baker, Nick, *ReWild : The Art of Returning to Nature*, Londres, Aurum, 2017.

Brown, Gabe, *Dirt to Soil : One Family's Journey into Regenerative Agriculture*, Londres, Chelsea Green, 2018.

Eisenstein, Charles, *Climate : A New Story*, Berkeley (Cal.), North Atlantic Books, 2018.

Glassley, William E., *A Wilder Time : Notes from a Geologist at the Edge of the Greenland Ice*. New York, Bellevue Literary Press, 2018.

Kolbert, Elizabeth, *The Sixth Extinction : An Unnatural History*, Londres, Picador, 2015 ; *La 6e Extinction. Comment l'homme détruit la vie*, trad. Marcel Blanc, Paris, Vuibert, 2015.

Monbiot, George, *Feral : Rewilding the Land, Sea and Human Life*, Londres, Penguin, 2015.

Oakes, Lauren E., *In Search of the Canary Tree : The Story of a Scientist, a Cypress, and a Changing World*, New York, Basic Books, 2018.

Simard, Suzanne, *Finding the Mother Tree*, Londres, Penguin Random House, 2020.

Tree, Isabella, *Wilding : The Return of Nature to a British Farm*, Londres, Picador, 2018.

Wohlleben, Peter, *Das geheime Leben der Bäume : Was sie fühlen, wie sie kommunizieren – die Entdeckung einer verborgenen Welt*, Munich, Ludwig, 2015 ; *La Vie secrète des arbres*, trad. de l'allemand Corinne Tresca, Paris, Les Arènes, 2017.

Wulf, Andrea, *The Invention of Nature : Alexander von Humboldt's New World*, New York, Vintage, 2015 ; *L'Invention de la nature. Les aventures d'Alexander von Humboldt*, trad. Florence Hertz, Paris, Noir sur Blanc, 2017.

Ressources scientifiques

Earth Observatory, NASA, https://earthobservatory.nasa.gov/

National Geographic, nationalgeographic.com

Nature : Climate Change, nature.com

Our World in Data, Ourworldindata.org

ScienceAlert.com

ScienceDirect.com

Smithsonian Magazine, smithsonianmag.com

Skeptical Science : Getting skeptical about global warming skepticism, https://skepticalscience.com/

Water Scarcity Atlas, waterscarcityatlas.org

World Health Organization, who.int

Drawdown.org : https://www.drawdown.org/references

Table

III. DIX ACTIONS

Composition : Nord Compo
Impression : CPI Bussière en mars 2020
Éditions Albin Michel
22, rue Huyghens, 75014 Paris
www.albin-michel.fr

IMPRIM'VERT
Votre imprimeur agit pour l'environnement

ISBN : 978-2-226-44918-4
N° d'édition : 23905/01 – N° d'impression : 2049675
Dépôt légal : avril 2020
Imprimé en France